U0921592

中国共产党四川省通江县历史

第一卷（1921—1949）

中共通江县委党史研究室　著

中共党史出版社

图书在版编目（C I P）数据

中国共产党四川省通江县历史. 第一卷，1921-1949 / 中共通江县委党史研究室著. -- 北京 : 中共党史出版社，2024.3
ISBN 978-7-5098-6356-5

Ⅰ. ①中… Ⅱ. ①中… Ⅲ. ①中国共产党—地方组织—党史—通江县—1921-1949 Ⅳ. ①D235.714
中国国家版本馆 CIP 数据核字(2023)第 150449 号

书　　名：中国共产党四川省通江县历史第一卷（1921-1949）
作　　者：中共通江县委党史研究室

出版发行：中共党史出版社
责任编辑：王鸽子　贾京玉（特约）
社　　址：北京市海淀区芙蓉里南街 6 号院 1 号楼　邮编：100080
网　　址：www.dscbs.con
印　　刷：四川金鹏宏达实业有限公司
开　　本：710mm×1000mm　1/16
字　　数：168 千字
印　　张：11.25　32 面插页
版　　次：2024 年 3 月第 1 版
印　　次：2024 年 3 月第 1 次印刷
书　　号：ISBN 978-7-5098-6356-5
定　　价：78.00 元

川陕革命根据地首府所在地——通江县城

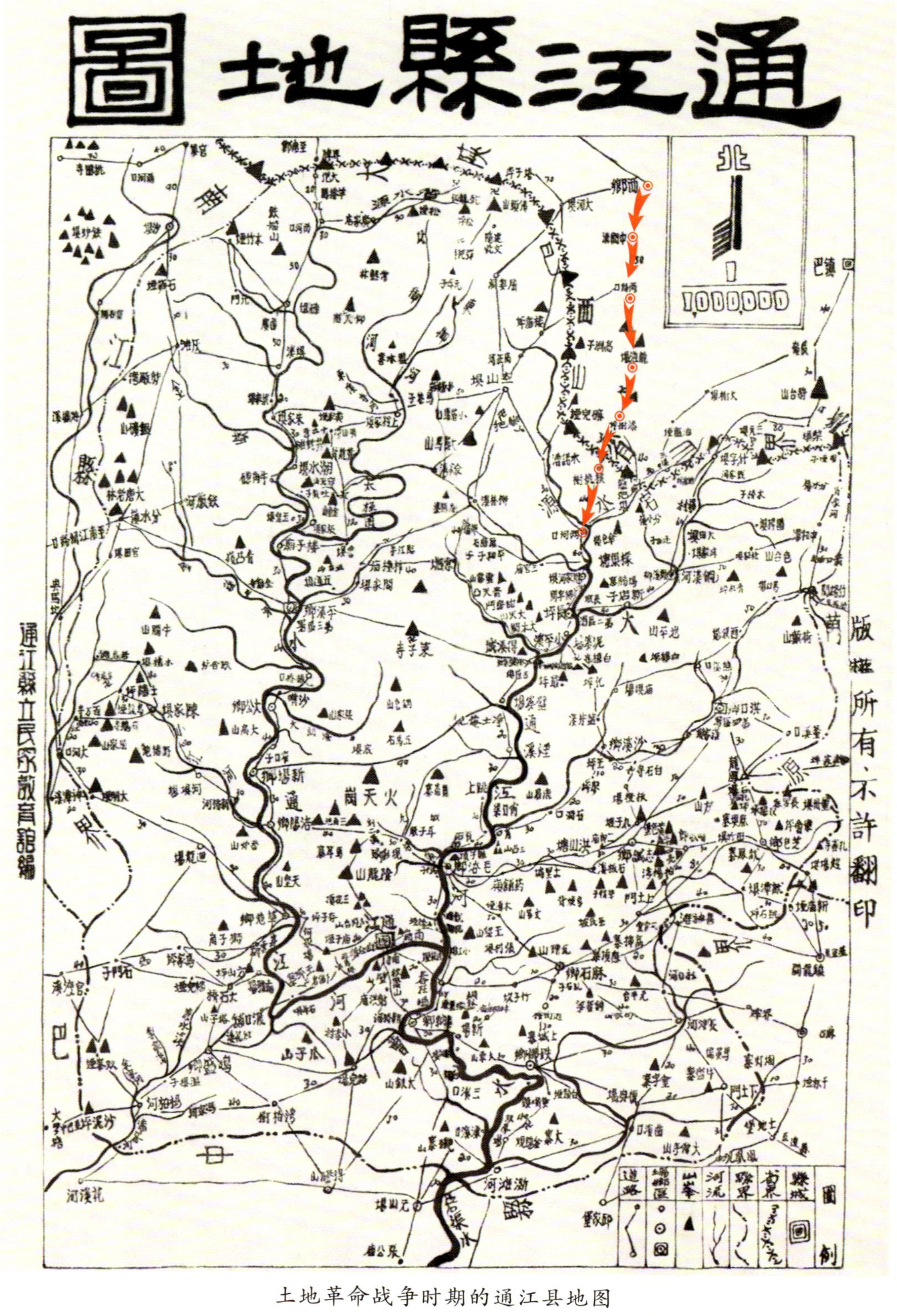

通江縣地圖

通江縣立民衆教育館編

版權所有、不許翻印

土地革命战争时期的通江县地图

川陕革命根据地区域图

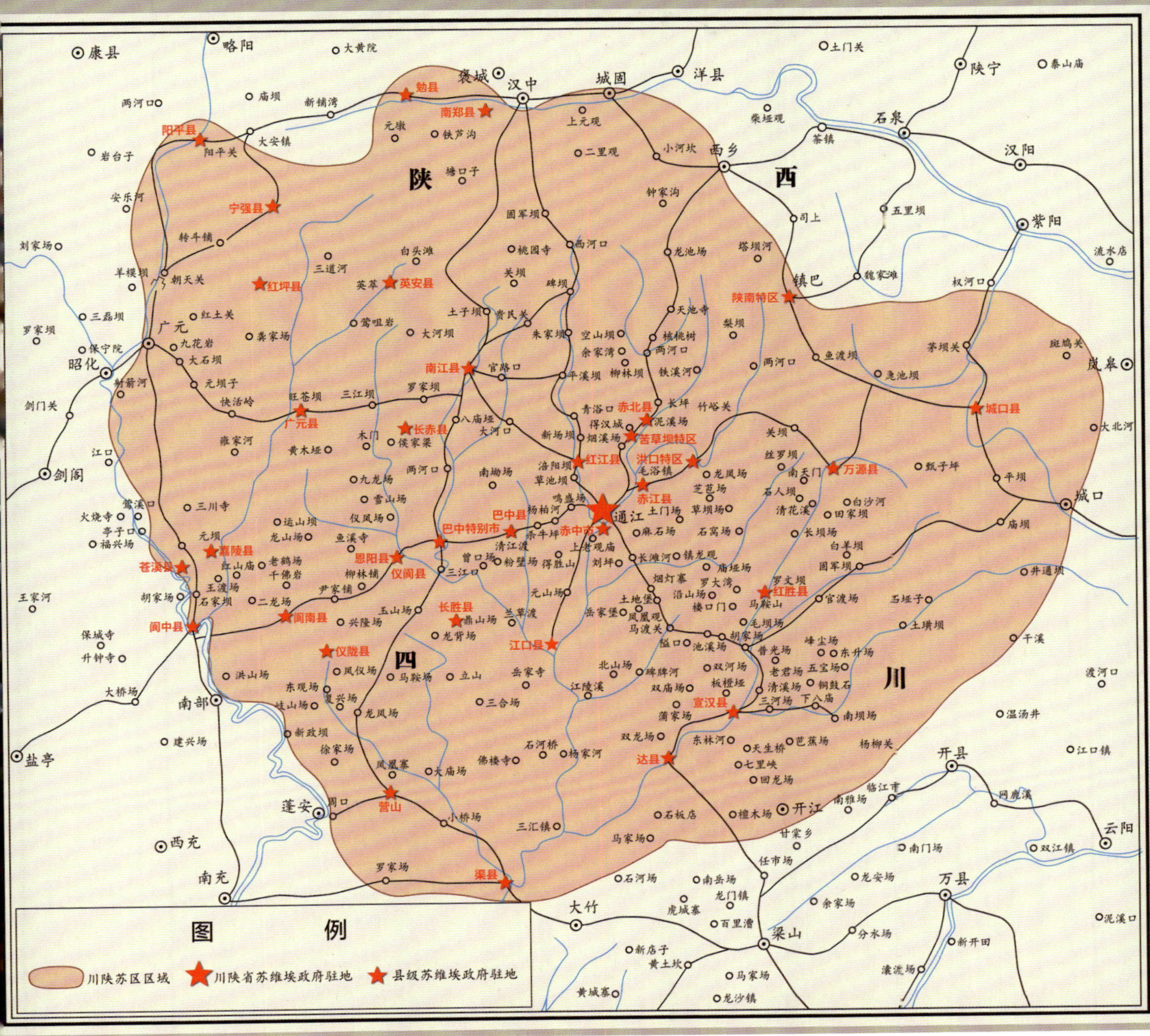

川陕革命根据地区域图

中华苏维埃共和国川陕省赤江、赤北、红江三县苦草坝、洪口特别区行政区划示意图

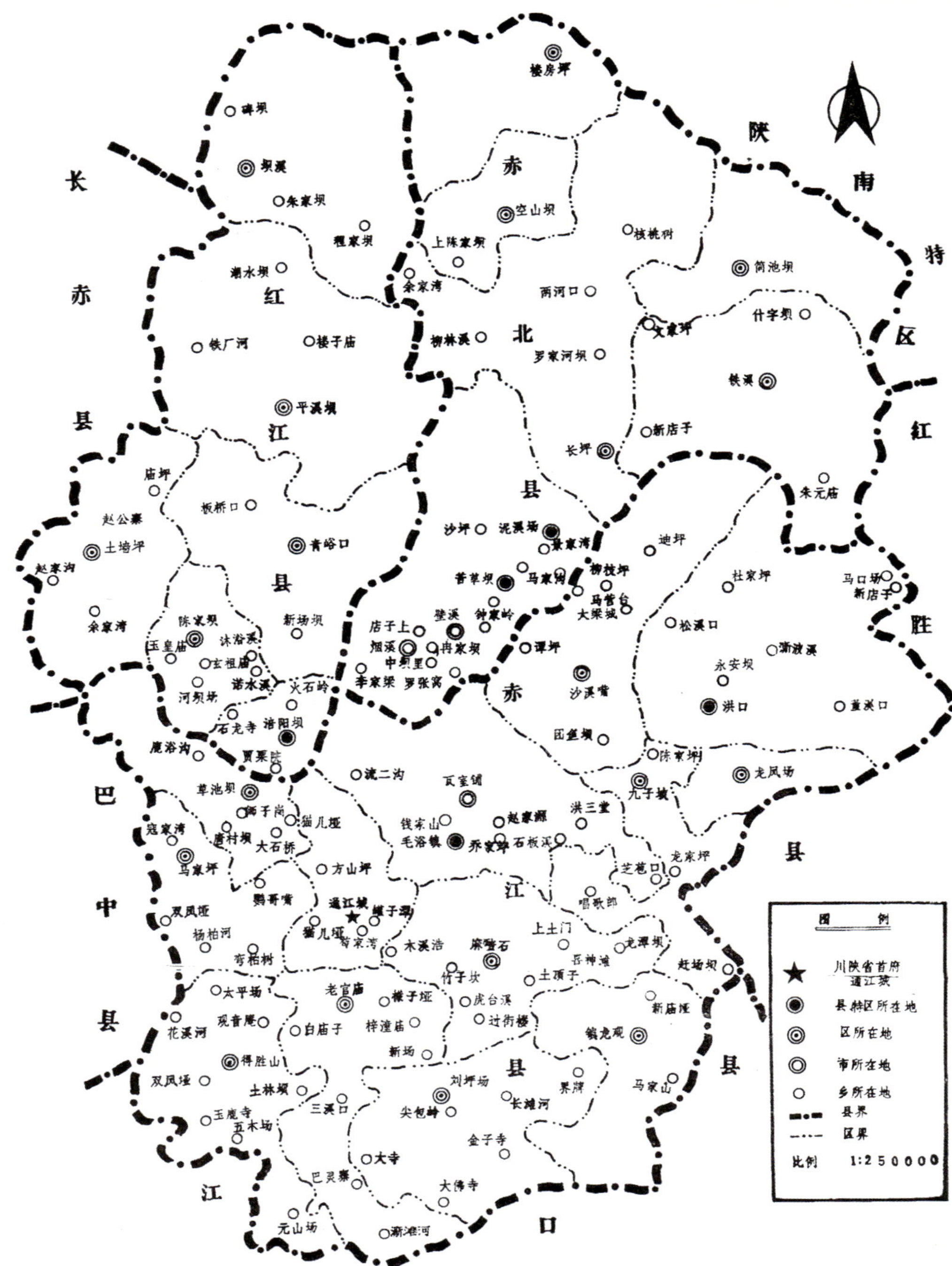

中华苏维埃共和国川陕省赤北县、赤江县、红江县、苦草坝特别区、洪口特别区行政区划示意图

西北革命军事委员会旧址

中国工农红军第四方面军总指挥部旧址

中国共产党川陕省委员会旧址

川陕省苏维埃政府遗址

中共赤北县委、赤北县苏维埃政府遗址（红军入川建立的第一个县苏维埃政府）

中共赤江县委、赤江县苏维埃政府遗址

中共红江县委、红江县苏维埃政府遗址

中共洪口特别区区委、洪口特别区苏维埃政府遗址

中共苦草坝特别区区委、苦草坝特别区苏维埃政府遗址

抗日战争时期竹子坎党支部旧址

解放战争时期中共通江县委旧址

川陕省总工会遗址

川陕省革命法庭遗址

中共川陕省委党校旧址

中共川陕省第二次党员代表大会会场遗址

红四方面军党政工作会场旧址

红四方面军总经理部旧址

红四方面军被服厂旧址

川陕省工农银行造币厂旧址

川陕省盐厂旧址

红四方面军苟家湾军工厂旧址

川陕省妇女学校旧址

赤北县列宁小学旧址

红四方面军总医院旧址

川陕省工农总医院旧址

川陕省戒烟局旧址

红四方面军电讯台旧址

彭杨军事学校旧址

川陕省军区指挥部遗址

川陕省军区游击指挥部遗址

妇女独立营驻地遗址

马家坪独立营驻地旧址

空山战役遗址

杀牛坪战斗遗址

鹰龙山战斗遗址

川陕省少年先锋队劳动童子团第一次代表大会

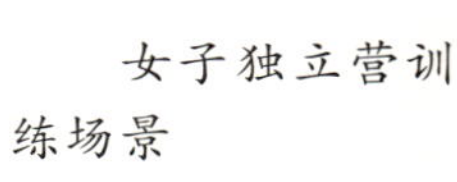

女子独立营训练场景

扩大红军运动周纪念大会

川陕苏区党政军印章、中共川陕省党员代表大会代表证

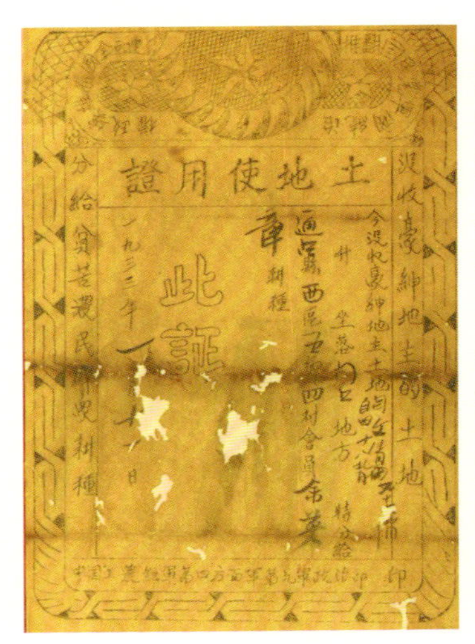

川陕革命根据地颁发的
土地使用证

川陕省工农银行发行的货币

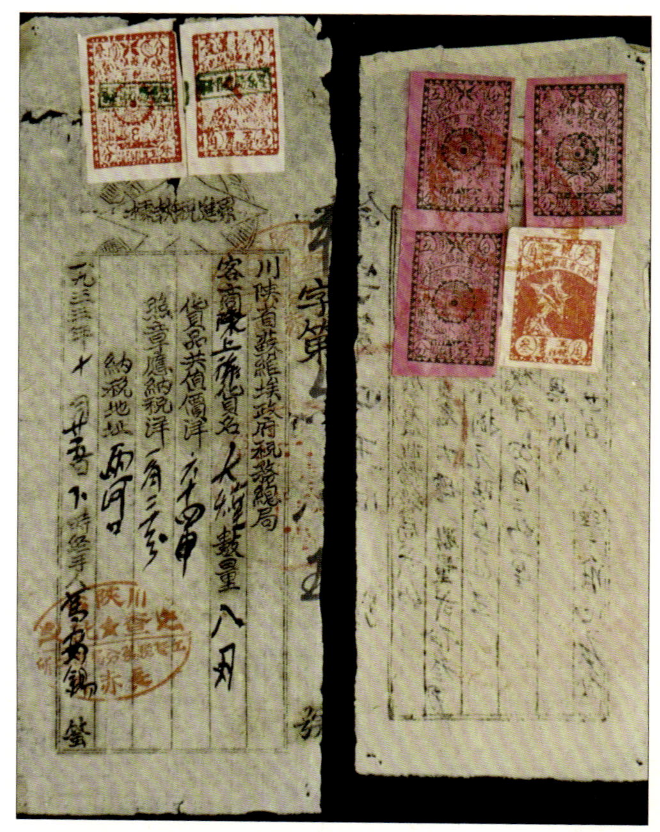

川陝省蘇維埃政府稅務總局
客商
貨名　數量
貨品共值價洋
總章應納稅洋
納稅地址
一九三三年十一月

川陕省苏维埃政府税务总局出具的累进税执具

川陕省苏维埃政府邮票

红军修建的石桥

红军修整的山路

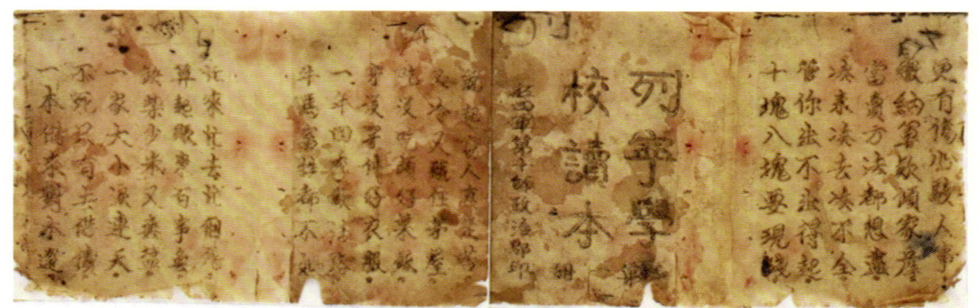

列宁学校读本

川陕革命根据地学习读本

红四方面军军工厂制作的武器

“赤化全川”红军石刻标语

平分土地石刻标语

红四方面军训词石刻标语

“争取苏维埃中国”红军石刻标语

“列宁万岁”红军石刻标语

《劳动法令》粉壁墨书墙

抗日石刻标语

红四方面军英勇烈士墓碑

解放人民烈士纪念碑

继承和发扬川陕革命根据地的光荣传统，为四化建设而奋斗！

李先念

一九八三年七月廿四日

李先念题词

学习革命先烈们的不怕艰苦困难、献身革命的精神，为实现祖國的四个現代化而奮斗！

徐向前 一九八二年四月

徐向前题词

不惜鲜血洒王坪
何日归去得祭坟
革命传统勇为继
振兴中华慰英灵

题通江王坪烈士墓

九八二年十月二日 魏传统

魏传统题词

前 言

通江县位于四川省巴中市东北部大巴山系米仓山南麓，东接万源市，南邻平昌县，西靠巴州、南江二区县，北连陕西省南郑、西乡、镇巴三区县。历代旧志记载："依三巴之旧域，控全蜀之左隅""后连于秦陇，前迤逦于荆吴"；北据"巴梁冲要"，东扼"蜀楚咽喉"。古属巴国，秦属巴郡，北魏侨置符阳县，西魏置诺水县。唐武德三年置广纳县。天宝元年，更诺水县为通江县。宋乾德四年省东巴县入通江县，五年省广纳县入通江县。宋熙宁五年省符阳、白石二县入通江县。宋末分为上通江县、下通江县。正四年复置通江县，明因之。清属保宁府，民国前期属嘉陵道。川陕苏维埃时期，置赤北、赤江、红江三县和苦草坝、洪口两特别区。民国24年复置通江县。中华人民共和国成立后属川北行政公署达县专区。

通江，新石器时期即有人类在这块土地上繁衍、生息，商周时期成为巴人活动核心区，创造了丰富灿烂的文明。鸦片战争以后，通江人民饱受帝国主义、地主阶级和反动军阀的残酷压榨和疯狂摧残，陷入苦难深重和极度屈辱的深渊中。勤劳智慧的通江人民决不甘心长期忍受这种屈辱生活，毫无畏惧地进行不屈不挠的英勇斗争，先后开展反洋教运动、保路运动、新文化运动、反“十元半”等一系列反压迫反剥削的斗争，吹响了通江人民思想启蒙的号角，逐渐觉醒了革命斗争意识，激发了爱国热情。五四运动后，通江进步知识分子和有识之士开始传播先进文化，广泛传播民主进步思想、社会主义思潮和马克思主义思想，深刻揭示封建思想文化的社会根源，推动了通江人民的思想在更广大范围和更深刻程度上获得解放。

中国共产党的诞生，为中国人民找到了正确的革命道路。马克思列宁主义、共产党主张传播到通江，中国共产党领导的革命星火逐渐成为燎原之势，境内秘密出现缮写传送“打倒土豪劣绅”“平分土地”等体现共产党主张的字条活动，启发了广大人民群众的阶级觉悟。中共巴中中心县委在通江、南江、巴中秘密宣传革命思想，秘密发展地下党组织、建立农会组织，领导通江人民开展声势浩大的“吃大户”运动和抗捐斗争，与反动势力进行机智灵活的斗争。党的主张逐渐深入人心，广大群众对革命的任务有了更深刻地认识和理解，认识到中国共产党是工农联盟的政党，是为广大人民谋利益的政党，极大地激发了通江人民的革命热情，在通江人民心中播下了革命的火种，锻炼了地下党组织的领导能力和斗争本领。通江早期地下党组织活动虽然微弱，但为通江此后的革命活动奠定了坚实的群众基础和思想基础。特别是筹备武装暴动的同时，摸清了国民党军阀在通江的武装情况，组织和发动了一批革命意志坚定的革命群众，为迎接红军顺利入川创造了良好的基础条件。

1932年12月18日，由鄂豫皖西进的中国工农红军第四方面军抵达川北两河口，以通江为首府开辟了被毛泽东称为“中华苏维埃共和国第二个大区域”的川陕革命根据地。中国共产党和红军领导川陕人民相继建立了中共川陕省委、川陕省苏维埃政府等党政军机构，在通江县建立了赤北县、赤江县、红江县、苦草坝特别区、洪口特别区“三县两特区”和175个区乡苏维埃政府。踊跃参加革命，成了通江人民自觉的行动和最荣耀的使命。党和红军忠诚坚毅，英勇善战，浴血奋斗，取得了反三路围攻、三次进攻战、反六路围攻等重大胜利，开展了轰轰烈烈的土地革命和戒烟禁烟运动，积极发展工农业生产和文化教育卫生事业，创造了可歌可泣的不朽业绩，极大地丰富了中国共产党武装夺取政权的斗争经验，在实践中探索和总结了一套行之有效的游击战、运动战、阵地战的战法及军事理论。川陕革命根据地在中国革命史和中国红军史上书写了辉煌的一页，也是通江历史最为辉煌壮烈、浓墨重彩的部分，建立了体系完整、机构健全的人民当家作主的新型政权机构，形成了密不可分的战斗整体，实践了中国共产党“为民谋利”的政治宣言，把苏区人民紧紧地团结在“赤化全川”“争取苏维埃中国”的伟大旗帜下，留下了“智勇坚定、排难创新、团结奋斗、不胜不休”的宝贵精神。

抗日战争爆发后，国民党实行高压统治，在通江大量清洗共产党员和苏维埃干部，将维护独裁统治置于抵抗外辱之上。通江人民坚韧不拔，在敌人的屠刀下威武不屈，坚决反抗。地下党组织坚定执行党中央“全民族抗战”主张，领导通江人民掀起抗日救亡运动高潮，地下党员广泛宣传抗战必胜，呼吁广大群众勿忘国耻，团结一致，参军抗日，支援抗战。通江儿女同仇敌忾，在民族危难时刻挺身而出，5200多名青年走上抗日前线，浴血疆场，为民族独立和领土完整进行舍生忘死的战斗，通江人民倾其所有，捐钱捐物，支援前线，为夺得抗日战争完全胜利作出了不可磨灭的贡献。地下党组织和地下工作者更是遵循“发展经济，支援前线，巩固后方”的方针，兴办工厂，安置和掩护转移到通江的地下党员，秘密发展和壮大党组织，为革命保存和积蓄了力量。同时，还针对国民党反对派“前方吃紧，后方紧吃”贪腐行为进行了有理有节的斗争，既维护抗日统一战线，又让民众认清了国民党反动派的腐败和反动本质。抗战期间，通江人民把救亡图存视为头等大事，以爱国主义为旗帜，锻造了坚持国家和民族利益至上、誓死不当亡国奴的自尊品格，不畏强暴、敢于同敌人血战到底的英雄气慨，百折不挠、勇于依靠自己的力量战胜侵略的自强信念，开拓创新、自觉为人类和平进步事业贡献力量的奉献精神。

抗日战争胜利后，国民党统治集团妄图消灭中国共产党，实行独裁统治。随着形势的巨大变化，通江人民在黎明前的黑暗中奋斗不息，地下党组织团结进步人士，发展进步力量，争取中间势力，孤立顽固势力，壮大党组织，以“发动群众，争取武装，迎接胜利”代替此前的“隐蔽精干，长期埋伏，积累力量，以待时机”的方针，地下活动日趋活跃和公开。先后成立何家湾、八家坪、贺家湾、竹子坎党支部和中共通南巴平工作委员会、中共通江县委、中共通南巴边区工作委员会，以极大的努力团结民主党派和民主人士，创建青年学行会、生死同盟会，巩固和扩大人民民主统一战线，发动和领导人民开展反饥饿、反内战、反压迫和抗粮、抗捐、抗丁斗争，对国民党窜入通江境内的残余武装和国民党的地方区乡保甲进行针锋相对的斗争，以阻止时局的逆转，从根本上动摇了国民党在通江的反动统治，鼓舞了人民的斗争意志，壮大了党的组织和力量，为通江的解放事业做出了可歌可泣的无私奉献。1950 年 1 月 23 日，中共通江县委成立，25 日，通江县人民政府成立。随着新生人民民主政权的诞生，标志着中国共产党在通江县的基层组织已经走上执政地位，苦难深重的通江人民终于迎来了光明，在政治上经济上得到了彻底的翻身解放。从此，在中国共产党的领导下，通江人民开始进入了一个人民当家作主的崭新时代，开启了通江历史的新纪元。

新民主主义革命时期的通江县历史，是中国共产党在通江领导的人民革命斗争由低潮到高潮再转入低潮至高潮的历史，也是由觉醒到斗争至胜利，又失败再斗争再胜利的历史，经历曲折而复杂，艰难而困苦，取得了改天换地的伟大成就，铸就了不朽的伟大精神，积累了革命取得胜利的宝贵经验。通江的这段历史，是中国共产党领导通江人民，在阶级斗争的急风暴雨中用鲜血和生命谱出的一曲英雄赞歌，是中国共产党历史不可缺少的组成部分。这段历史雄辩地证明，中国共产党是全心全意为人民服务的党，是有能力领导中国人民掌握自己的命运，实现国家独立、民族解放、执政兴国的核心力量。

历史不仅仅是过去，更是明天的向导。习近平总书记强调：“回望过往的奋斗路，眺望前方的奋进路，必须把党的历史学习好、总结好，把党的成功经验传承好、发扬好。”学习和研究中国共产党的历史，我们要善于从党的奋斗历程中看清楚过去我们党为什么能够成功、弄明白未来我们党怎样才能继续成功，从不断认识和把握历史规律中找到前进的正确方向和正确道路，进而更加坚定、更加自觉地践行初心和使命，在新时代更好地坚持和发展中国特色社会主义，为实现中华民族伟大复兴而不懈奋斗。

目 录

第一编

马克思主义在通江的传播

第一章
近代以来的通江社会

通江历史悠久，物产丰富。通江人民用勤劳和智慧在这片土地上创造了灿烂的文明。但是，1840 年鸦片战争以后，通江与中国其他地方一样，由封建社会沦为半殖民地半封建社会。辛亥革命虽然推翻了 2000 多年的封建王朝，但帝国主义、封建主义的统治没有彻底根除，通江人民依然饱受剥削与压迫。随着俄国十月革命胜利，宣传马克思列宁主义成为新文化运动的主流，通江籍在外学习的有识之士学成归来，开始创办新式教育，传播新思想、新文化。1921 年 7 月中国共产党成立后，通江在全国各地革命形势影响下，马克思列宁主义开始传播，广大民众逐渐接受共产党的主张，反帝、反封建、反军阀斗争此起彼伏，日趋激烈。

第一节　半殖民地半封建社会下的通江

辛亥革命前，在腐朽的清王朝统治下，全国广大人民处于帝国主义、封建主义、官僚资本主义“三座大山”的压迫之下。辛亥革命后，通江同全国各地一样进入军阀专制统治时期，人民群众在政治上遭受黑暗统治，经济上遭受残酷剥削，社会发展十分缓慢。

一、帝国主义的侵略

通江尽管地处边远山区，但帝国主义的侵害仍然无处不在，他们以教会文化为先锋，以鸦片为商品，不断输入内地，侵蚀人民的思想，损害人民健康，掠夺人民利益。

鸦片战争以后，帝国主义以教会为先锋，不断开始文化入侵。1872 年，法（国）传教士金德化来通江设教会立天主教堂，金（德化）为司铎（天主教神父的正式品位职称），从此天主教开始进入通江①。其后，曾、明两神甫相继来到通江，在县城桂花巷、刘坪场、土地堡建立三座教堂传教，隶属成都教区。他们开设慈善机构，诱使民众“饿不得就去投天主教”，或者为了依托洋教对抗官府。因此，信徒发展较快，鼎盛时期达 2500 余人

①通江县志编纂委员会：《通江县志》，四川人民出版社 1998 年版，第 880 页。

之众，其中“以农家为主”。几乎与天主教传入通江的同时，基督教从阆中经恩阳、巴中县城，沿清江、杨柏向通江发展。1920年，美国人魏性初在陈河等地设礼拜堂，宣传“新教”（基督教）。尽管教会在各地开办医院、诊所，兴办学校、幼儿园等，传播一些所谓的自由、民主、博爱思想，但其真正目的是进行文化侵略，奴役人民的思想。教会学校的教学，《圣经》是必修课，一日三餐前要祷告，星期二要到教堂做礼拜，从精神上奴化群众，借传教进行思想文化侵略。教会学校招收学生时，强迫学生家长签保证书，保证子女入学后，一切生活、学习、活动必须服从教会的安排，家长不得干涉，学生本人也不得自作主张。除文化渗透外，教会还加紧政治控制。由于教会受不平等条约的特别保护，教会势力日益增长，教徒享有多种不合理的特权，因此出现了一些入教豪绅借教欺民，一批投靠教会的“奉教人”依仗洋人势力鱼肉百姓，霸占民众财产。教会还勾结官府，扶持收买代理人，利用特权干预地方司法行政，镇压群众反抗。

二、地主阶级的残酷剥削

封建社会，地主阶级采取兼并、掠夺，控制土地这一重要生产资料，通过收取地租、放高利贷等手段，残酷剥削广大群众。

土地兼并。通江是典型的农业经济区，自给自足的小农经济占绝对主导地位，最主要的生产资料——土地，被地主、官僚大肆掠夺兼并。1932年底红军入川时，占全县总人口5%的地主、富农占有土地60%左右。南部低山区土地集中程度较高，北部高山区土地集中程度稍次。如：通江南部的杨柏乡沙泥坪村4户地主32人，占总人口5.9%，占有土地80.4%；通江北部的长坪乡一个村地主3户21人，占总人口的5.7%，占有土地面积的59.2%；中部山区的苦草坝[①]得汉城村7户地主、富农占有土地76.8%。少数地方土地集中更甚，赤北县二区七乡一村共30户，1户地主占有田、地和山林就达80%，29户赤贫户，每人只有几分薄地[②]。由于土地兼并集中，占有悬殊，贫富分化严重，经济凋敝萧索，大部分农民被迫以高额地租租种地主的土地，同时遭受押金、高利贷等各种剥削，部分农民或被迫当“背二哥”[③]，或外出当兵，或给地主做长工、船工，或背井离乡四处乞讨，或逃入深山被逼为“匪”。许多中农和小地主也在大地主、军阀的盘剥中破产，变成贫困者。

地租剥削。没有土地的农民被迫租种地主的土地，不得不忍受沉重的地租剥削。地租一般有两种形式：一种是实物地租，地租一般是对半分，也有倒四六（地主占六成佃农四成），再扣除种子等，实际上农户仅得收成的三成左右，支付捐税后所余无几。租地一般无押金，但随时要帮地主做活，做活不给工钱，实际比押金更厉害[④]。另一种是定额地租，通常叫作“铁板租”，即不管收成好坏，一律以契约议定的数目秋后交租，如不能如数交

①地名，今永安镇街道所在地。

②中共达县地委党史工作委员会：《川陕革命根据地斗争史》，华夏出版社1989年版，第13页。

③背二哥：背夫。

④四川省财政科学研究所、川陕革命根据地博物馆主编：《川陕革命根据地财政经济史料选编》，四川省社会科学院出版社1987年版，第308—309页。

租，地主就以农户的家产抵押，因此，农民最怕“秋后算账”[①]。一旦不能按时交租，地主就将地租转为借贷，然后以放高利贷的方式，对农民进行更加残酷的剥削。

高利贷盘剥。在贫困农民、小商贩等无力上交地租、捐税或者遭遇天灾人祸时，地主、豪绅和投机商即趁机放高利贷。一种是借钱，“借钱”（俗称“打打钱”）分场息、月息、年息三种，一般是利率加五到十，多的达二十。“头场借二场还，照本加一番，三场四场还不清，连本带息加倍算”（每三天一场），老百姓称之为“活抢人”。另一种是借粮，一般是春借一斗，秋还三至五升利，即或谷价下降，仍然按照出借时确定的价格计算，往往春借一斗，秋还三斗。在这些高利贷盘剥下，许多百姓家庭妻离子散，家破人亡。城郊农户陈昌德，家有30背（背：产量单位）田地，三间房子，因无钱交粮捐，借高利贷5元，一场后要还10元，20多天后，30背田地和三间房子全部被高利贷“滚走”，全家只有当“叫花子”乞讨[②]。“在通江，长工一天才一二十个钱，若借地主一升粮，要帮地主做工一年，得不到一个钱，还要还他（地主）一升粮。如借钱一吊，利息一年是五百或六百（文）；借粮是加五、六的利，如借一斗，一年后要还一斗五升。”[③] 投机商人还与高利贷结合，囤积居奇，操纵市场，使贫苦人民遭受巨大损失。

---

①中共达县地委党史工作委员会：《川陕革命根据地斗争史》，华夏出版社1989年版，第14页。

②中共达县地委党史工作委员会：《川陕革命根据地斗争史》，华夏出版社1989年版，第15页。

③四川省财政科学研究所、川陕革命根据地博物馆主编：《川陕革命根据地财政经济史料选编》，四川省社会科学院出版社1987年版，第308—309页。

三、军阀的黑暗统治

从1918年开始，四川进入军阀“防区制”的黑暗统治时期，位于四川东北部的通江也毫不例外成为军阀互争地盘、连年混战之地。军阀不断为扩大地盘穷兵黩武，搜刮民力，全然不顾百姓生死，俨然成为一方“土皇帝”。

军政一体，以军代政。军阀以战争争夺地盘，以武力割据统治。1918年2月，“靖国军”绥定总司令颜德基驱逐通江县知事王殿章，开始军阀统治。同年3月，“靖国军”广安川北民军司令郑启和，占领通江、南江及巴中。1920年6月，在川、滇军阀混战中退至陕南的四川军阀潘文华驱逐郑启和，占领通江、南江、巴中。1921年4月，在四川“三军联合驱刘”混战中，军阀刘存厚部邓锡侯、田颂尧相继由阆中退驻通江、巴中、南江，战事平息后，田颂尧部罗乃琼旅驻防通江、南江、巴中一带。连年不断的军阀混战，导致通江官吏不停更迭，管理政出多门。军阀一切政令皆以扩大“防区”、充实兵力、搜刮民财为目的，每换一个军阀无不挖地三尺，群众深受其害。军阀在自己防区内私造钱币垄断金融，私造的银圆、铜圆等货币只能在本防区内流通，外出几十里地则要去银行兑换成另一防区的钱币方能使用，严重影响地区之间的贸易往来和商业发展。

捐税沉重，名目繁多。正如毛泽东所说：“伴随着各派别反动统治者之间的矛盾——军阀混战而来的是，赋税的加重。”①军

①《毛泽东选集》（合订本）1964年版，人民出版社1964年版，第105页。

阀、官吏借“保境安民”“筹备军饷”巧立名目，狂征滥收。据资料所列，当时有田赋、田赋附加、契税、验契税、典当税、盐税、肉厘、厘金税捐、春帖捐、庙捐、白炭捐、烟酒捐、营业捐、房捐、花捐（妓女捐）、枪支捐、壮丁费、弹药费、草鞋捐、车马费、差遣费、招待费等多达七八十种。好些捐税更是古怪稀奇，如结婚有“择配捐”，入厕交“毛厕捐”，烤火要收“火笼捐”，煮饭要收“搭钩捐”等，名目繁多，花样百出，百姓一年辛苦到头也无法缴纳这样多如牛毛的捐税[①]。捐税款项由县到区、区到团、团到甲又层层加码，老百姓缴纳税款增加数倍。1924年，田颂尧部以通江、南江、巴中三县联办团防名义，派款100万银圆，层层加码后达300万。1928年田颂尧部征收田赋，实行“毫厘归分”，多摊银两，地方收款委员又搞“四舍五入”，再次多收，遭到广大人民的坚决反抗[②]。军阀甚至实施田赋“预征”，一年而征数年之粮。1918年前，田赋一年一征，1923年为一年两征。军阀田颂尧部统治通江时期，由初期的一年三征猛烈增加到1931年的一年十四征，有些地方甚至预征到1978年。其他捐、费任意征收，人民群众苦不堪言，通江一首民谣悲愤唱道：“兵如梳，匪如篦，团丁犹如刀刀剃！卖猪牛，卖田地，倾家荡产还债利！捐捐捐，利利利，如今只剩一口气！”

强征兵役，奸淫盗抢。军阀为扩充实力，抢占地盘，不断募兵扩军，强行抽丁拉夫。虽然规定是“三丁抽一”“五丁抽二”，

①中共达县地委党史工作委员会：《川陕革命根据地斗争史》，华夏出版社1989年版，第9页。

②中共巴中市委党史办公室著：《中国共产党四川省巴中市历史》第一卷（1921—1949），中共党史出版社2018年版，第19—20页。

但富家子弟贿赂逃避，贫苦农民即使独子也强行抓丁。团总、保正等还乘机敲诈勒索。农民害怕被抓丁，白天不敢出门劳作，晚上不敢在家睡觉，有的以自残方式躲避兵役，有的远逃异乡，有的长期无偿给地主当长工。军队所过之处，无不强抓农民当苦力，强拆民房造工事，强抢农民柴、米、鸡、羊、猪充作军需，或强索米、油等物，还纵兵为匪，奸淫抢劫，无所不为。由于军阀割据，兵匪一家，导致通江匪患严重。盘踞在通江、镇巴的王三春、袁刚等势力大小不一的匪众杀人越货，无恶不作。抢劫场镇、县城的事情时有发生，通江县城多次遭到土匪洗劫，85%以上的场镇也遭受过土匪洗劫。陈河“银耳大王”陈利生，其子、妻分别在1924年、1928年遭到土匪绑架勒索，家产几乎全部用于交纳巨额赎金，到1931年病重至死时，只得卖掉在巴中的银耳商号，方能安葬。

强种鸦片，毒害群众。四川军阀和官吏为了从鸦片的种植、运输、销售中征收巨额捐税，强迫民众种植鸦片，严重影响农业生产。从1918年军阀郑启和强迫农民种植鸦片，到1932年底红军入川前，通江的烟田面积已经达到整个耕地面积的30%—40%，并且都是上等良田，广大农村已经形成“纵目田畴，已成黑化”的惨状。尤其是刘坪场[①]一带，除将瘦田瘦地和不向阳的土地种粮食外，其余70%的土地都种植鸦片烟。有的地方几乎全部种植鸦片。鸦片的大量种植，导致粮食种植面积减少，发生因粮食不足出现饥荒，造成饿死人的人间惨剧[②]。鸦片广泛交易，

①地名，今铁佛镇街道所在地。

②中共达县地委党史工作委员会：《川陕革命根据地斗争史》，华夏出版社1989年版，第272页。

集市交易以鸦片当金钱公开流通，鸦片价格高出粮食许多倍。一段时间内，收成200斤的农田种植鸦片可换回小麦六七百斤。在有实力或势力的家庭，鸦片成为财富而收藏[①]。民众普遍吸食鸦片，城乡到处烟馆林立，通江县城1000多住户，其中200多户开设烟馆。据统计，成年男子约90%以上吸食鸦片，成年妇女吸烟者约占70%，小孩吸食者也不少。吸食鸦片不仅损害身体，而且麻醉精神，消磨意志，导致人面黄肌瘦，气少无力，社会风气严重败坏，灾难愈演愈烈。

由于政治上受到军阀的残酷统治和帝国主义的严格控制，经济上受到地主、军阀与官吏的多重剥削，加上土匪横行，通江社会经济十分落后，民生事业停滞不前。农业生产力低下，虽有90%以上的人从事农业，但粮食亩产仅一二百斤。工业技术落后，仅有土法开采煤碳、炼铁、制造锅、罐、铧。手工作坊规模小，酿酒、制糖、榨油、织布、烧碗等工艺落后。商品单一，主要是土特产和生活日用品，经营者以小商小贩为主。教育落后，整个社会文盲占90%以上，乡村私塾仍然是主要的教育机构，以儒家思想和封建礼教为主要内容，教学内容和教学方式陈腐。医疗条件落后，群众生病缺医少药，每逢伤寒、痢疾、天花等疾病流行，患病死亡民尸横遍野。

①中共达县地委党史工作委员会：《川陕革命根据地斗争史》，华夏出版社1989年版，第16页。

第二节　通江人民反帝反封建反军阀斗争

哪里有压迫，哪里就有反抗。辛亥革命后，随着民主自由思想逐渐深入，特别是在新文化运动及五四运动的影响下，人民反压迫、求解放的意识不断增强，斗争更加激烈。

一、反帝反封建的斗争

在通江历史上，劳动人民反压迫、反剥削、反强权的斗争从未停止。从清朝雍正四年（1726 年）至道光十四年（1834 年）的 100 余年间，出现了村民反苛抗暴的五篇诉状，即《为叩公除弊以靖后患事》《为民请命》《为违例酷索舞弊嚼民，下冤难伸，恳恩提究事》《为权差虐民，无方投告，冒恳查究事》和《除恶安民诉状》。诉状事例翔实，文辞畅利，陈述痛切，法理分明，代表了当时士农工商痛述苛政的盘剥，酷吏的肆虐。清嘉庆年间，白莲教起义军蓝号首领冉文俦、冉天元等统率各路义军坚守通江东北部麻坝寨，杀死清军副将以上将领 21 员，直到嘉庆十年才被清军镇压。1904 年四川遭受特大旱灾，通江爆发饥荒，麻石人向营刚、园池河人苟国定组织饥民到附近地主家“吃大户”。除了上述一系列“武斗”外，还有许多勇于抗争、为民请命的“文斗”。

鸦片战争后，帝国主义加紧对中国的侵略和瓜分，全国各地爆发了系列反帝国主义侵略斗争。1877年，在涪陵、内江、南充等地反洋教斗争影响下，通江民众积极响应，拆毁教会教堂，驱逐传教士，通江反洋教斗争迟缓了天主教在通江的发展。义和团运动中，通江民众以反对洋教为主的反帝斗争再次掀起高潮，帝国主义的传教活动极大受挫。1911年5月，清政府将川汉铁路等路权出卖，四川保路爱国运动爆发，通江县保路同志会邓天壁、王尊周、杜星桥、谢锡光等一批仁人志士、绅商抱着自保路权、尽快成路的愿望，积极投身于轰轰烈烈的保路运动，为辛亥革命在四川取得胜利，推翻清王朝封建统治做出了贡献[①]。1911年10月10日，武昌起义爆发并取得成功，四川各地保路同志军向州县清军和官府发动进攻。同盟会员郑佐周在通江与南江交界的郑家沟[②]、刘家沟[③]、孙家山[④]组建保路同志军，乌龙垭[⑤]、陈家坝[⑥]、河坝场[⑦]一带群众积极参加，组织了一支300多人的队伍，与数千地方民团武装激战。在轰轰烈烈的辛亥革命中，通江的最后一任清朝知县下台逃走，从此，2000多年的封建统治彻底结束。

①通江县志编纂委员会编：《通江县志》，四川人民出版社1998年版，第905页。
②地名，今南江县大河镇郑家沟村。
③地名，今南江县大河镇观音寺村。
④地名，今南江县大河镇孙家山村。
⑤地名，今巴中市南江县大河镇北极村。
⑥地名，今陈河镇陈家坝村。
⑦地名，今陈河镇河坝场社区所在地。

二、反军阀统治的斗争

1918年始，军阀统治“防区制”形成，地主、军阀、官僚政治上残酷统治，经济上横征暴敛。通江人民奋起反抗军阀黑暗统治，其中尤以反军阀强征“十元半”斗争最为激烈。

“十元半”是指1918年统治通江防区的军阀“靖国军广安司令”郑启和，为扩充军力筹备军款，强迫全县农民种植鸦片，并以收鸦片烟税为名，每户派捐十元，另加征半元为征收费，时称“十元半”。郑启和下令凡起火煮饭者必交，不种植鸦片的要缴“懒人捐”，不抽鸦片烟者要缴“禁烟捐”，对缴纳不起的群众关押吊打，全县被“十元半”逼得跳河、悬梁、背井离乡者甚多。为了生存，许多民众参加“红灯教”反抗“十元半”。在南江、通江、巴中以及陕西的南郑、镇巴、紫阳、安康等地，先后有48个乡镇约60万人参加“红灯教”。1918年5月，南江“红灯教”首领岳文富以“替天行道，打倒十元半”为口号聚众起义，被军阀郑启和部抓捕杀害。同年6月，通江“红灯教”首领朱兆琼、李子洪、邵成模等以大、小通江河为据点，控制了通江东北部的一大片土地，提出“打倒十元半，为师傅（岳文富）报仇”的口号，继续开展反“十元半”斗争。1919年6月至1920年1月，朱兆琼等“红灯教”首领率数千义军，在碑坝①、平溪、板桥、新场、烟溪、长坪、铜钵山②等地与郑启和部激战十数次，打死

①地名，今陕西省汉中市南郑县碑坝镇。
②山名，位于板桥口镇砥坝村。

打伤郑启和部近千人，缴获枪支100余支，子弹5000多发，大炮20余门。1920年1月至5月，郑启和调兵重挫义军，朱兆琼、李子洪、王朝中等相继被捕杀害，张伯山、邵承模等出逃陕西，“红灯教”义军被镇压①。起义虽然失败，但是通过广大民众的强烈反抗，军阀推行的“十元半”捐税最终被取消。

反抗军阀“十元半”斗争意义深远。一是得到了四川新闻界正义志士的支持。巴中柳林人王鳌溪，时任国民公报社见习记者，在《国民公报》和《民视日报》发表有关通江、南江、巴中人民反对军阀“十元半”的消息，揭露军阀横征暴敛的罪恶。二是激发了广大民众斗争意识，一系列反对种植鸦片、高额田赋、捐税的斗争接连不断。广纳私塾教师张玉堂强烈反对种植鸦片，秘密召集农民会议讲明鸦片危害，在群众支持下，一夜之间铲除鸦片烟苗30多亩。这一举措得到东山、三溪、梓潼等地民众积极响应，大量鸦片烟苗被铲除。1924年春夏大旱160天，马家坪②青年农民王朝堂带领300余饥民，到县府要求解决田赋奇重的问题，取得了征粮减半的成果。1928年，农民反对军阀田颂尧部“三县联防”派款中的“毫厘归分”也取得了胜利。三是奠定了通江人民通过革命斗争进行反抗的思想基础，一些参加反“十元半”斗争的积极分子后来参加中国工农红军，在共产党的培养下成长为革命战士。如新场坝反“十元半”的骨干邓新科，后来参加红军，加入中国共产党，成为红江县苏维埃领导。

①通江县志编纂委员会编：《通江县志》，四川人民出版社1998年版，第680页。
②地名，今火炬镇街道所在地。

第二章
新文化运动对通江的影响

辛亥革命失败后，中国的先进知识分子清醒地认识到必须进行一场真正意义上的文化思想解放运动，才能反击封建思想和封建文化。1915 年，新文化运动吹响了思想启蒙的号角，“提倡民主，反对专制；提倡科学，反对迷信；提倡新道德，反对旧道德；提倡新文学，反对旧文学”的“四个提倡、四个反对”，向传统的封建思想、道德、文化宣战。五四运动后，从宣传新思想、新文化开始，到马克思列宁主义、党的纲领的传播，中国共产党领导的革命星火逐渐照亮了通江这片土地。

第一节 先进思想在通江的传播

一、先进思想的传播

在北京、成都、保宁等地受过高等、中等教育的一批通江先进知识分子，以及一些具有民族大义的私塾教师和开明绅士等，在新文化运动影响下，面对清政府的腐败、北洋政府及军阀的黑暗统治，深感民族危难，认识到要改变落后面貌，必须进行社会变革。由此，一场反封建思想的变革首先在教育界悄然发生。部分进步教师在教学中注重改革，宣传进步思想，培养学生爱国情操。私塾教师向为璋，在麻石办学的后期，除了讲授《四书》《五经》《资治通鉴》等，还选择岳飞《满江红》、文天祥《正气歌》、龚自珍《己亥杂诗》等具有民族气节、提倡变革变法的作品，以及《说鸦片之害》《论屈原之死》等抨击时政弊端的文章作为补充教材，通过教授这些作品，并紧密结合时代形势宣传进步思想，在学生中产生了很深的影响①。一些教师在教学上，批判地继承前人经验，引导学生把刻苦努力与独立思考结合起来，把个人的发展前途与挽救民族危亡联系起来，强调从实际出发，对学生因材施教。在通江、万源地区教学的至诚人赵德斋，在辛

①通江县志编纂委员会编：《通江县志》，四川人民出版社1998年版，第904页。

亥革命后，积极推行新学制，特别强调思想品德教育，鼓励青少年要树立为国做贡献的雄心壮志，不可碌碌无为，培养学生良好的社会责任感。

二、新式学校的创办

科举制废除后，以邓天壁、周炳文等为代表的通江教育界进步知识分子，创办大量新式学校，改造具有浓厚封建教育色彩的教学内容和管理制度，冲击旧式封建教育，改革成效突出。邓天壁，曾于1908年赴日本宏文学院速成师范科学习，回来后任通江视学（相当于县教育局长），1913年再度被推举赴日本留学，考察日本新式教育，研习新学制。通过考察学习，他认识到要彻底废除旧式教育，必须兴办新式教育和新型示范学校。1916年，邓天壁返回通江后，参照日本新学制、结合传统教育创办了诺江镇高等小学堂，自任堂长，并办厂开始自制粉笔，成为通江、南江、巴中使用粉笔的第一人，他十分重视女子教育，反对“女子无才便是德”的封建旧思想，宣传妇女有受教育的同等权利。1920年，在通江县城南创办女子小学堂，校长与老师都是女性，同年又创办县立高级女子学校，从此，通江女性有了受教育的地方。当时通江还处在封建落后、愚昧无知的“父权、夫权、族权、神权”时代，这些新思想、新作风和新的教育改革，强烈冲击着封建礼教。1922年，邓天壁在县城张家祠堂创办模范小学堂，自任名誉校长，聘请具有新式教育经验的老师从教，借此总结教育经验，指导全县小学教育。1923年，符孔昭在黄烈臣帮助下，在县城创办“通江县国学专修馆”，专门招收年龄偏大、以儒学为主的农村私塾教师，培训新学课程，培养新式农村私塾教师，探索农村私塾教育改革，成为改造乡村教育的领头人。到1924年，县城共开办了一般小学、典型示范小学、女子学校、培训教师的学校等四所新式学校，曾任省议员、通江劝学所视学的周炳文，与邓天璧密切合作，推动通江新学由县城向农村逐步发展，大力发展山区教育事业。提出把全县的庙产改为学田，解决新式学校办学经费不足的问题，并首先在自己家乡将庙产改为学田，开办“中山国民小学”。这一创新经验迅速在全县推广，极大地解决了创办新式学校的经费困难。在周炳文与邓天璧等的合力推动下，先后在麻石、铁佛、洪口、涪阳、苦草坝等地创办了五所高等小学，在县城创办了通江初级中学。

这些新式学校培养了大批实用人才，推动了通江社会的变革。农村私塾教师经过培训，在教学中都开始采用新方法，推动了通江农村教育的发展。新式学堂培养的学生，接受了新思想，在各个行业有所作为者甚多：如杜星桥、王尊周、谢锡光等成为通江参加四川保路运动，推翻清王朝的中坚力量；黄烈巨，先后任通江、南江教育局长，通、南、巴三县督学；李芳辅在成都、重庆任军医院长。李宝成任保宁联中校长。张荣策于北京大学毕业后，任通江中学校长①。接受新式教育的学生又进一步更广泛的传播爱国、民主进步思想。

教育的变革，传播了新思想、新文化，对社会的变革起到了先锋作用，促进了通江社会的进步。

①通江县志编纂委员会编：《通江县志》，四川人民出版社1998年版，第905页。

第二节　马克思列宁主义在通江的传播

十月革命胜利后，马克思列宁主义开始传入中国，其间中国形势也正在发生重大变化。1921 年 7 月，中国共产党成立，从此中国革命有了坚强的领导，一批革命先驱者开始了为实现民族独立、人民解放和国家统一的斗争，中国开启了以马克思列宁主义为行动指南的工人阶级政党领导革命的历史。1924 年 1 月，中国国民党第一次全国代表大会召开，重新阐释了三民主义，确定了联俄、联共、扶助农工三大政策，实现了国共两党第一次合作，以此为基础的国民革命兴起。在中国共产党的积极参与和努力下，大革命风暴迅速席卷全国。1927 年，蒋介石和汪精卫先后“清共”，国共合作破裂，大革命失败。

之后，通江的政治形势也随之发生重大变化，国民党在通江境内开始发展。1928 年 2 月，国民党通江县党部指导委员会成立，开始在各地登记、发展国民党党员。3 月，国民党通江县第一届党员大会召开，贾渊、赵毓坤、曾子琴、戚龙骧、刘拱辰任执行委员，阎九如、苟培元、朱镜如任监察委员。自此，国民党开始走上通江政治舞台。

大革命时期，虽然通江信息闭塞，少有中国共产党声势浩大的组织活动，但马克思列宁主义已经开始传播。其中，代表通江教育最高水平的通江中学，自开办以来就受到新文化熏陶和五四运动影响，进步教师向学生传播新思想和五四运动精神。“民国初年，通江驻军团长刘哲开辟诺江公园[①]时，在通江中学音乐老师邱道康、英语老师刘秩平建议下，在公园内建造了一座以国际‘五一’劳动节命名的‘五一村’，开始传播马克思列宁主义。”[②] 1928 年，通江遭遇旱灾，人民生活极度困难，反动军阀及地主豪绅毫不体恤民情，反而加重苛捐杂税，民怨沸腾，于是通江境内秘密出现“传字条子”活动，字条上写着“打倒土豪劣绅”“平分土地”等语句[③]，一人得到后，缮写三份并分传三人，传播形式十分秘密。同时其传播的内容，还附上了中国共产党第六次代表大会决议中改变农民生活的“十大政纲”主要内容，这标志着在全国、全省的影响下，在达县、巴中、汉中等相邻地区带动下，中国共产党的主张已经在通江大地开始传播。

①公园名，今列宁公园。
②刘辉光著：《诺水苍茫》，四川文艺出版社 2000 年版，第 198 页。
③通江县志编纂委员会编：《通江县志》，四川人民出版社 1998 年版，第 18 页。

第二编

土地革命战争时期党在通江的革命斗争

第三章

武装反抗国民党的反动统治

1927年大革命失败后，革命形势转入低潮，党领导的革命斗争进入艰苦的年代。8月7日，党中央召开了八七会议，确定了开展土地革命和武装反抗国民党反动统治的总方针，中国革命开始由大革命失败转向土地革命战争。1930年9月，中共巴中中心县委成立，中心县委把通江作为重点活动区域和主要革命据点，以厂矿工人为重点，大力发展党（团）员，建立党的基层组织和秘密联络点，建立革命武装准备武装暴动，领导抗捐斗争。1932年底，红四方面军转战进入通江，广大党团员和群众积极参军参战，与红军一起投入建设川陕革命根据地的伟大斗争中，创建了全国第二大苏区。

第一节　党组织在通江的建立

1930年9月下旬，中共川北特委决定建立中共巴中中心县委，由共产党员吕子谦、戚应元[①]和共青团员吴尚德（吴瑞林）组成，后来增加共青团员洪漫玉[②]。按照中共川北特委的要求，中心县委以通江、南江、巴中县城及周边地区为活动区域，主要工作是宣传发动群众，发展党的组织，建立秘密联络点。自此，通江、南江、巴中的革命活动有了党的统一组织领导，通江历史从此翻开新的一页。

一、县保安队团支部的建立

1930年10月初，按照川北特委指示，巴中中心县委吕子谦、戚应元、吴尚德三人以贩运棉花和保宁醋为名，分头从阆中来到通江，开始发展党和团的组织。

吴尚德找到曾经在通江砖瓦厂的工友王顺成。王顺成，贫苦农民出身，忠厚老实，为人仗义，明白事理，对官府欺压百姓十分不满，由于有吹唢呐的手艺，被县保安大队雇为司号长。通过不断交往，吴尚德加深了对王顺成苦难身世的了解，经过考察、

①其他资料记载为戚映元。

②洪漫玉，其他资料记载为洪玉漫、洪峪满、洪满峪、洪一漫。

动员，吴尚德代表组织首先发展王顺成加入了中国共产主义青年团。随后，又通过王顺成在县保安大队经过摸排考察、教育引导，发展了几名青年保安队员加入共青团，建立了通江第一个团支部，王顺成任团支部书记。

二、流二沟伐木厂党、团支部的建立

通江经济落后，城区没有上规模的工矿，工人较少，发展党团组织条件不成熟。1930 年冬，通过王顺成的介绍，吕子谦、戚应元、吴尚德等分期到流二沟[①]伐木厂以做伐木工人为掩护，发展党团组织。伐木厂利用夏季涨水季节，将木材运到江口、合川、重庆出售，然后运回棉花、布匹等，对外界信息比较了解。伐木厂工人多是吴尚德在通江砖瓦厂时的工友，经过三个多月艰苦努力，吕子谦、戚应元、吴尚德与 30 多个伐木工人结成好友，并在他们中间发展汤仕富等人加入共产党后，建立了党支部，汤仕富任支部书记。随后，又在青年中发展了六名共青团员，建立了团支部，刘来福任团支部书记，伐木厂党、团支部的建立，进一步促进了党、团组织的发展。

其间，吴尚德受中心县委委派，前往阆中向中共川北特委汇报前阶段工作情况和下步工作打算，于江震代表中共川北特委对中心县委在通江的工作给予了充分肯定，并对今后工作做了七点指示：(1) 对新发展的党员、团员要耐心地教育，不断提高其素质，要他们严守组织秘密，才能长期坚持，不受损失；(2) 对流

①地名，今兴隆镇境内。

二沟伐木场的工作要进一步重视，因那里的工人受资本家剥削很重，工人是可靠的，对未来建立根据地是一大有利条件；（3）对银耳场要争取打进去，工作要隐蔽些，在一般情况下中心县委的同志不要出面；（4）要组织工会加强工会工作，要以工会名义开展活动；（5）工人工作开展起来后，要做一些农民的工作，但不要齐头并进，否则一件也做不好；（6）要利用保安大队那个司号长，进一步开展兵运工作，把保安队、团丁、乡丁争取过来；（7）争取把巴中、南江等地的联络站建立起来，便于传递情报[①]。

三、银耳场党、团支部的建立

1930年底，流二沟伐木厂的党、团组织发展起来后，中心县委决定转移阵地，前往涪阳坝、新场坝一带，以银耳场为中心发展党、团员，建立新组织。中心县委的同志进入银耳场后，很快发展了九名共青团员，建立了团支部，组织了工会，拉纤工人出身的石兆智任团支部书记和工会主席。工会积极开展工作，通过合法斗争，取得了给工人增加工资的成果，获得了工人的信任，培养了一批入党积极分子。随后，吕子谦、戚应元等介绍了五名觉悟较高的工人加入中国共产党，建立了党支部，石兆智任党支部书记。

新发展起来的银耳场党组织与“马帮”进行了机智灵活的斗争。田颂尧部旅长兼巴中县长谢庶常组织马队到通江涪阳坝收购

①中共巴中市委党史办公室著：《中国共产党四川省巴中市历史》第一卷（1921—1949），中共党史出版社2018年版，第30—31页。

银耳，民众称为“马帮”。“马帮”收购、运输银耳之时，时常无故扰民，威胁群众，打人骂人，强奸民女，民众敢怒不敢言。银耳场党支部抓住时机，利用其内部矛盾，团结弱者，分化瓦解“马帮”势力，很快争取到一个班的银耳场护厂武装，主动出面为群众撑腰争取利益。

为解决党组织经费紧张的困难，中心县委指示银耳场党支部开辟财源，在涪阳场经营小卖部和饭店。因知晓涪阳银耳场总经理王大先有在涪阳坝开设酒店、饭馆的想法，王顺成出面与其商谈，说服其投资开办银耳场的酒店、饭馆，由王大先的亲信任经理，吕子谦任副经理。经过与王大先一段时间的交往后，调汤仕富到银耳场当经理助手，戚应元到银耳场当总务，吴尚德当传达员。

党组织在通江县城、伐木厂、银耳场取得很快的发展，至1931年上半年，通江就建立了四个党支部，九个团支部。

为及时向特委汇报工作进展情况，获得最新指示，1931年9月中旬，中心县委再次派吴尚德到阆中向川北特委作第二次工作汇报。川北特委听取汇报后，对中心县委后期开展组织发展、工运、农运、兵运等工作做出一系列指示，主要内容是：(1) 对新发展的党、团员要利用恰当时间进行培训，不断提高他们的素质；(2) 工运工作，要与提高工人工资相结合，对工人有利才便于进一步开展工作，强调“银耳场现在成了你们的家，伐木场也不能放弃”，要加强对伐木场拉纤工人的联系，帮助他们解决一些实际困难，做好思想发动工作；(3) 兵运工作，要绝对保密，只能单线联系，在必要的时候，去川东游击军通通气；要利用好与王顺成的关系，不能让他暴露，要利用他合法公开身份掩护地下工作；（4）农民运动，要充分利用发展起来的进步人士，展开工作，发动饥民“吃大户”，同时要利用川北干旱，饥民众多的有利时机，发动一场农民运动。吴尚德回到银耳场后及时向吕子谦等做了汇报，几位党员在一起研究了贯彻措施，积极开展各项工作。

四、地下联络站的建立

一批党、团支部陆续建立后，为了在工作上方便联络各地，中心县委在通江县城东门河坝上建立了地下联络站，负责人是共产党员朱仕贤。朱仕贤是巴中县兴文人，在通江做小生意时被土匪抢劫一空，欲投河自尽，得到戚应元的开导和资助，在通江县城东门河坝上开了一家收购皮货的小店，经吕子谦等教育培养后加入共产党，其皮革小店由此成为党、团组织的联络站。之后又陆续在通江县城西门外和县政府门前建立秘密联络站。

经过两年多时间的艰苦工作，通江的党、团和工会组织得到迅速发展，到1932年12月中国工农红军第四方面军入川时，已在县城和流二沟、涪阳坝、青峪口、两河口、钢溪河等地建立了党（团）组织，发展共产党员数十名，组建7个党支部；发展共青团员数百名，团支部30多个。

党组织在通江建立，是通江历史上具有划时代意义的大事。“平分土地”“打到土豪劣绅”等主张唤醒了通江人民的革命意识，秘密传递的字条子让通江人民在黑暗中找到了斗争的方向，看到了前途与希望。扎根生活在通江的劳苦大众对共产党充满了信赖，通江的革命活动有了坚强的领导力量。

第二节　组织群众开展斗争

按照中心县委指示，通江党组织积极宣传党的政策，组织饥民“吃大户”，领导农民抗捐抗税，准备革命武装暴动，迎接红军进入通江，开展一系列革命活动和革命斗争。

一、组织农民“吃大户”

1931 年，川北地区遭遇罕见大旱，通江饥民四处逃荒要饭。川北特委于江震特别指示：川北天旱严重，群众没有饭吃，民不聊生，国民党为了笼络人心，准备发布告允许饥民“吃大户”，要利用这一机会，发动一场农民斗争。同时，一定要利用当地的开明人士，把准备工作做妥善，特别要注意党、团组织的安全。

按照川北特委指示，中心县委对通江农村的灾害情况进行了分析，认为时机合适，决定抓住有利机会，掀起“吃大户”的农民运动，激发群众的革命热情，推动革命发展。

为组织好这次“吃大户”运动，通江各党、团支部从十个方面做了充分的准备：一是先在各党、团支部内部通气，让大家有思想准备，待国民党县政府正式布告发出后，再组织行动；二是严守保密纪律，包括对自己的父母、子女等亲人都严守秘密，了解到的国民党政府的一切动态，只能利用秘密联络站和交通员及时传递情报；三是随时掌握党、团员和工会会员的思想动态，未行动前，绝不允许擅自行动，一定要统一行动，按组织安排有主有次，有先有后的进行，保证既要达到目的，又能保证组织不受损失；四是规划“吃大户”的两条路线，一条从川陕交界的两河口顺大通江河至通江县城，另一条从与巴中交界的仁和场顺小通江河至通江县城，若时机成熟就转为暴动；五是准备与国民党县政府布告内容相符合的标语、传单，避免敌人抓住证据，防止敌人报复；六是每到一地，要掌握当地开明人士，由他们牵头，党、团员在暗中组织谋划；七是党、团支部书记、工会负责人及兵运工作人员，保持绝对平静，不准参加“吃大户”（避免暴露身份）；八是找准“吃大户”的对象，大地主家每天两顿干饭一顿稀饭，小地主家吃一干一稀，自己动手办理饭菜，不准宰杀牲畜，多的饭可以分给地主家庭成员吃；九是严禁调戏妇女，不准乱进歇房（寝室），不准吵闹、打架，违者由群众评议后开除；十是编组、分席，选组长、席长，服从领导，服从分工。以上十项，由洪曼玉写成传单，交给党、团支部负责人贯彻落实。

同时，吕子谦等还分赴通江县青峪口、新场坝、涪阳坝、陈家坝、河坝场、草池坝等地，分头宣传发动农民与地主阶级展开斗争。

在广大农民群众强大的压力下，国民党县政府终于发布了同意“吃大户”的布告。借助这一有利时机，按中心县委决定，通江党、团组织决定立即按计划展开行动。由于计划周密，准备充分，“吃大户”的农民从开始的上百人数天后增至千余人，遂将两路“吃大户”路线分成若干小路。“吃大户”过程中，为了防范土匪趁机劫掠，通江党、团各支部利用工会指导参加“吃大户”的饥民，以乡保为单位，组建农民协会，防匪防患，保护大户人家安全，这一策略既得到广大饥民的拥护，又得到大户的支持。通江各党、团组织趁机培训农协骨干，以农民协会的名义，大讲“穷人为什么穷，如何才能不受穷”的道理，号召大家“团结起来闹革命，推翻黑暗的旧社会”！

与此同时，为配合通江“吃大户”行动，中心县委又前往相邻的巴中县清江、南江县两河口组织“吃大户”运动，平昌县党组织积极响应，整个通南巴平地区形成一呼百应、势不可挡的一股农民运动洪流。

“吃大户”运动历时一个半月，通江与南江、巴中、平昌参加人数达数万人，声势浩大。国民党政府十分惊恐，唯恐有共产党“红色”分子组织参与，于是调集大量军队密切监视形势的发展，但由于周边的广元、昭化、剑阁等地也相继爆发“吃大户”活动，势头迅猛，国民党政府被迫将军队西调。一个多月后，按照川北特委的通知，中心县委开始转入武装暴动的准备，通江“吃大户”运动结束。

“吃大户”运动是通江党、团组织第一次在巴中中心县委组织领导下，与反动势力进行的有理有节的斗争，激发了农民的革命热情，在群众中播下了革命的火种，锻炼了党的组织领导能力。中心县委也利用这次机会，对群众进行了党和红军的宣传，为后期武装暴动做了思想和组织准备。

二、准备武装斗争

1930年7月，为贯彻中央关于《新的革命高潮与一省或几省的首先胜利》的决议和中央对四川工作的指示，中共四川省委召开全川军支联席会议，决定在全川开展秋收武装暴动，并将四川划分为5个军区，组织17路红军，川北10县为第五军区，以顺庆（地名，今南充市）为中心。8月，省委第一次党员代表大会召开，会议确定的中心策略是：在坚决执行争取武汉首先胜利，然后实现建立全国政权的策略下，必须争取在重庆建立四川政权，组织工人罢工，组织农民、士兵暴动，扩大红军。

通江党、团组织在巴中中心县委领导下，积极开展武装暴动的前期准备工作。

宣传党和红军。洪曼玉从重庆“马帮”捎带的报纸上搜集信息，分析判断党和红军的情况，正面宣传南昌起义、秋收起义、百色起义和王维舟、李家俊在达县、宣汉、万源领导的农民武装起义。揭露国民党残酷迫害百姓、杀害爱国人士的罪行，让群众明白共产党才是贫苦大众的救星，红军才是穷人的队伍，穷人只有团结起来斗争，才能改变自己的命运。

建立武装。通过县保安队团支部的秘密联系，基本掌控了保安队4个班31条枪，瓦石铺团丁25人18条枪，银耳场田颂尧部驻军一个班15人15条枪[①]。同时，建立党直接领导的武装队

①中共巴中市巴州区委办公室、党史研究室：《地下星火燎巴山——中共巴中中心县委的光辉历程》，川新内〔2009〕24号，2009年5月，第20页。

伍。在“吃大户”期间，吴尚德到宣汉向川东游击队负责人王维舟汇报情况并请求支援枪支。王维舟派20名游击队员随其赶赴通江，选定离县城很远的得胜，于元宵之夜奔袭得胜乡警队，夺取18条枪、2400发子弹，留给中心县委装备组建涪阳坝银耳场护场队，共产党员汤仕富任队长，川东游击队派员训练。

制定暴动方案。接到进行武装暴动准备的通知后，巴中中心县委组织通江党、团支部负责人研究制定暴动方案：一是武装起义方针。“我们以争取起义为主，尽量减少短兵相接，不流血或少流血。要荷枪实弹交战的，是田颂尧部驻在通江城的一个营。”二是参加起义的人数。“通江县城和流二沟人数可达1000人左右，涪阳坝、青峪口可达1600人左右，两河口、钢溪河各有300人左右，巴中仁和场200人左右，此外，参加‘吃大户’的农民可组织3000人左右。”三是枪支弹药的配备情况。“县城保安大队32条枪，瓦石铺的团丁、乡丁18条枪，银耳场田颂尧军15条枪，银耳场护场队18条枪，共计83条枪。”四是起义地点和线路问题。“各地参加暴动的人员集中于流二沟、涪阳坝两处，随即同时开赴通江县城，与县城保安大队的4个班里应外合，攻取县城后，成立通江县工农兵联合政府。”五是部队的名称暂定为“川北第二游击军”。六是镇压恶霸的问题。“镇压恶霸目的是打击敌人的气焰，长人民的志气，但决不乱杀人，在起义的重点地方，选择1至2个罪大恶极的恶霸地主处以死刑，将其家庭财物分发给穷人。”七是充分应对不利因素。“暴动后，对敌军的镇压，采取打得赢就打，打不赢就跑的策略。退路有两条，第一条是转往流二沟、空山坝打游击，或者翻过大巴山到陕西城固县、洋县活动，建立游击根据地；第二条是到万源、宣汉与川东游击军会师。”

为争取上级支持和指导，吕子谦、吴尚德到阆中向川北特委领导于江震、罗南辉、张仁川等做了专题汇报。川北特委听取汇报后，肯定了通江武装暴动准备工作，分析了敌我力量，认为通江、南江、巴中的国民党驻军力量薄弱，通江武装暴动的地形条件很好，北边有大山，陕南有党组织活动，相邻的达县、宣汉、万源也有川东游击队的活动。由此，川北特委对武装暴动提出了四点要求：“（1）起义点上的主要领导人，一定要绝对可靠。（2）要注意保密，严防叛徒，这是暴动成败的关键，要吸取其他地方因出现叛徒导致失败的教训。（3）在起义前、起义中，要注意军人、起义人员家属的安全，做好转移分散工作，尽量不受损失，这是巩固暴动成果的关键。（4）起义时间要经请示上级批准后决定，特委要派人参加。同时，要继续做好通江的拉纤工人、银耳工人、伐木工人，还有钢铁、煤矿工人的工作，这也是工作中的重点。”根据上级指示，吴尚德和洪曼玉在通江，吕子谦到巴中，戚应元到南江开展暴动前的各项准备工作，等待川北特委武装暴动的命令。

不久，四川省委取消到处组织地方暴动的策略，转变为发动农民开展“四抗”① 斗争及农民运动，拥护、支援苏区。一个多月后，通江各党支部接到了中心县委“暂不办”的指示，具体原因：“一是四川几个军阀正在成都混战，互相消耗实力，党要趁这一有利时机，抓紧恢复、整顿党、团组织，发展壮大队伍；二

①四抗：抗粮、抗捐、抗税、抗丁。

是待军阀战事胶着、无力他顾时，再组织若干处暴动，可以取得更大胜利；三是争取部分川军投诚，使全川形势有个大的变化。”

在武装暴动暂停后，通江党支部重新调整了下一步工作，即在隐蔽中发展组织，加强纪律教育，注重农民的发展工作，加强妇女工作等。中心县委吴尚德继续留在通江，指导通江各党支部开展工作，并到瓦室铺、苦草坝、钢溪河等地继续发展组织。吕子谦到巴中农村开展农民工作。戚应元以探亲的名义到南江开展工人工作。

三、领导农民发起抗捐斗争

1932 年 9 月，南江反抗军阀“预征烟款”斗争爆发，这场斗争持续两个月，取得免去烟款的胜利。11 月，当南江的抗捐斗争胜利消息传到通江后，涪阳坝、平溪坝、板桥口、草池等地被捐款逼得走投无路的农民，在外地人“田瓦匠”（实为中心县委吴尚德）的组织下，抗捐斗争烈火再次被点燃，草池坝至青峪口一带数千民众参与到抗捐抗粮斗争中。

这次斗争，以陈河、涪阳为首发地。1932 年秋，涪阳镇团总屈心刚、团正张显术征收“傍粮捐”，强令一家 5 口以上者交银元 5 元，5 口以下者交银元 3 元。繁重的捐税迫使乡民张全烈等揭竿而起，率众千余人暴力抗捐。12 月 18 日至 19 日，陈家坝、河坝场 3000 多农民汇集涪阳坝，打着“官逼民反”的旗帜，手持刀矛四处搜捕收款委员，反抗“预征烟款”“傍粮捐”。国民党县政府与当地驻军武装阻止抗捐队伍渡涪阳大河前往县城，扣留农民队伍谈判代表。抗捐队伍中千余人不顾炮火阻击泗水渡河，部分群众绕过封锁线开进县城。其他地方的农民也纷纷向县城聚集。县知事派团练局长朱鉴屏火速赶到涪阳谈判、安抚、调解。在涪阳大沙坝召开的群众大会上，民众强烈要求减免捐税，朱勉强表态从全年三次征收中减捐税一次，被群众当场拒绝。第二天继续开会，民众提出捐税全免，朱讨价还价，同意再减一次，民众仍不接受。第三次开会，慑于民众威力，为避免民众继续进城，朱代表县长表示“一年不还粮，三年不缴款”，抗捐斗争获得胜利。

四、迎接红军进入通江

1932 年 10 月，中原大战结束，蒋介石调集重兵对各革命根据地发动大规模“围剿”，鄂豫皖根据地第四次反“围剿”失利，中国工农红军第四方面军开始西征。12 月，四川省委发出特别通知，提出反对军阀混战和拥护红军入川的总任务。川北特委指示中心县委：红四方面军主力已经转移到平汉西南，开始向川北运动，可能进入川北建立根据地，要求中心县委从思想、宣传、物资及发展党团员等方面做好迎接红军入川的准备工作。一是积极宣传红军是穷人的队伍；二是组织群众欢迎，在物资上、生活上给予支援；三是动员广大党员、团员带头参加红军。

在中心县委的部署下，通江各党团支部立即行动，全力投入到各项准备工作中。一是大力宣传“红军是穷人的军队，是专门打富济贫的队伍，领导红军的是共产党”，此外还对“红四方面军打胜仗，建立工人农民做主的苏维埃政府”进行宣传。二是摸清敌情，通过地下联络站掌握敌人兵力增减和武器的配备等重要军事情报，获得了“在通江县城驻有的冯、刘两个营虽然都是田颂尧的部队，但彼此间从不来往，各有戒备，县保安队又受冯、刘两营的排挤”的重要情况。三是迎接红军，12月中下旬，中心县委四名同志前往川陕交界处接应红军，途经通江钢溪河时由于受到土匪的袭扰，被迫转回，随后再派对地形熟悉的吴尚德一人前往，于12月22日在通江泥溪场迎接到红军。吴向红军领导张琴秋、朱光、曾中生等汇报了通江县城地形、敌人兵力部署，以及党、团组织在城区的力量等情况。

12月23日，西北革命军事委员会在通江苦草坝召开高级干部会议，决定在川陕边界创建根据地，发布了红四方面军《入川十大政纲》。24日，红军进占瓦室。25日，红四方面军12师从东北进攻通江县城，在城内的地下党组织配合下，田颂尧部驻防通江的冯营长被活捉，刘营长被击毙，红军歼敌500余人，通江县城解放。26日，西北革命军事委员会、红四方面军总指挥部等总部各机关进驻通江县城，广大民众热烈欢庆红军入城。在各地党团组织的带动下，红军所到之处，通江男女老少像过节一样，挥舞红旗，敲锣打鼓，鸣放鞭炮，抬猪送匾，送粮送物，热烈欢迎自己的亲人①。

在通江党组织的配合下，红军迅即分兵解放巴中、南江。吕子谦、吴尚德给进攻巴中城的红12师做向导，戚应元、洪曼玉

①林超、温贤美主编：《川陕革命根据地史》，四川省社会科学院出版社1988年版，第33—34页。

给向通江东北进攻的红 11 师做向导。1933 年 1 月 23 日，红 12 师解放巴中县城。2 月 1 日，红 73 师解放南江县城。红军入川仅一个多月时间，歼灭四川军阀部队约三个团，溃敌八个团，奠定了川陕革命根据地建立的基础。

第四章

川陕革命根据地的核心区域

红军入川后，迅速着手发动群众，建立各级党组织和苏维埃政权。1933年2月，中共川陕省委、川陕省苏维埃政府相继在通江成立。西北革命军事委员会，红四方面军总指挥部、总政治部、总经理部等党政军领导机关进驻通江县城，通江作为川陕革命根据地首府所在地，成了根据地政治、军事、经济、文化中心。通江人民以极大的热情和艰辛的努力，为扩大和巩固根据地提供了巨大的人力、物力、财力支持，共产党领导的红军与人民水乳交融、患难与共，在地方党组织和人民的支持下，开展了轰轰烈烈的政权建设、土地革命、军事斗争、经济建设、社会建设和文化建设等。川陕革命根据地在短短的两年多时间内，成了“中华苏维埃共和国第二个大区域”。

第一节　投身川陕革命根据地建设

一、建立各级党组织和苏维埃政权

党和红军领导通江人民建立了赤北县、赤江县、红江县、苦草坝特区、洪口特区“三县两特区”党组织和苏维埃政权。

（一）成立川陕省临时革命委员会

红四方面军刚进入通江，就积极进行根据地创建的各项工作。按照《中国共产党第六次代表大会决议案》中关于苏维埃与革命委员会的规定：“有正式的代表会议（苏维埃）未组织以前，最初的政权形式是临时的，即革命委员会。”1932年12月29日，红四方面军在通江成立了以旷继勋为主席的川陕省临时革命委员会。临时革命委员会设主席、内务委员、土地委员、粮食委员、经济财政委员、文化教育委员、秘书等职务。川陕省临时革命委员会既是省工农民主政府正式成立之前川陕省的最高政权机关，又是中共川陕省委、川陕省苏维埃的筹备机关，主要任务有：一是发动群众斗争，打土豪、分田地；二是组建如赤卫军、女工农妇会等基层群众组织；三是在斗争中为正式建立苏维埃选拔和培养干部；四是在苏维埃尚未建立之前，代行苏维埃的权力。

川陕省临时革命委员会驻通江县城东门内的关岳庙，在根据地建立之初，为社会稳定、政权建立发挥了重要的过渡作用，1933 年 2 月中旬川陕省苏维埃政府成立后自行撤销。

（二）成立各级党组织

红军十分重视党组织的建设，红军解放到哪里，党组织就发展到哪里，苏维埃政权就建立到哪里。鉴于通江党员数量较少，党的基层组织没有在全县普遍建立的实际情况，红四方面军总部从部队抽调数千名工作积极、作风正派、有一定地方工作经验的干部和战士，组成若干工作队和宣传队，在各自驻防区域，大力发展党员，建立党组织。采取自愿报名与组织审查的办法，快速发展党员。除个别经部队政治机关考察吸收外，大部分采取召开群众大会，宣传党的性质和主张，让群众自愿申请报名，再对报名入党的人进行谈话和调查，经政治机关审查批准后，即履行入党手续，宣誓入党。总部直属队负责通江城区和郊区，总医院负责泥溪场、苦草坝等地区，10 师负责通江东北和万源以西地区。工作队在打土豪、分田地的斗争实践中考察发展对象，条件成熟时即发展入党，并逐步由党小组建立党支部，然后再建立乡、区、县等党组织。在红军入川后短短的一个多月时间内，就在通江县域建立了县、区、乡及特区党的组织。

中共赤北县委，成立于 1933 年 1 月，是红军入川后成立的第一个县级党组织，成立时有党员 20 人，县委机关先驻两河口，后迁驻泥溪场，首任县委书记潘天成。辖苦草坝、空山坝、铁溪、长坪、简池坝五个区委，烟溪、碧溪、苦草坝、泥溪四个区级市党支部，29 个乡党支部。

中共赤江县委，成立于 1933 年 1 月，成立时有党员 60 人，县委机关驻毛浴镇，首任县委书记谢在江。1933 年 6 月迁住通江县城，不久复迁毛浴镇。辖毛浴镇、通江城、麻碴石①、草池坝、马家坪②、老官庙③、刘坪、洪口、九子坡、龙凤场、沙溪、得胜山、镇龙观等 13 个区委和毛浴镇、瓦室铺 2 个区级市党支部、84 个乡党支部。

中共红江县委，成立于 1933 年 1 月，时有党员 30 余人，县委机关驻涪阳坝，后迁新场坝，再迁平溪坝。首任县委书记由张琴秋代理，随后由马其方继任。辖涪阳坝、陈家坝、青峪口、平溪坝、白院寺④、坝溪 6 个区委、31 个乡党支部。

中共洪口特别区委，成立于 1933 年 2 月，特别区委机关驻洪口场，领导红军派驻机关和川陕省苏维埃派驻单位的党组织，首任区委书记刘文翠。

中共苦草坝特别区委，成立于 1933 年 2 月，特别区委机关驻苦草坝街道，领导红四方面军总供给部所属工厂、西北革命军事委员会开办的彭杨学校及川陕省经济公社等军政机关、企事业单位的党组织，区委书记刘杞。

以上“三县两特区”的党组织直属中共川陕省委领导。县委内设机构与省委内设机构基本相同，一般设有组织部、宣传部、妇女部、工会、秘书处等。县级党组织的成立，为建立川陕省委

①地名，今麻石镇。
②地名，今火炬镇街道所在地。
③地名，今广纳镇火峰村境内。
④地名，今南江县大河镇白院河社区所在地。

奠定了基础。

川陕省委的成立。1933 年 2 月 7 日至 13 日，中国共产党川陕省第一次党员代表大会在通江城旧县署二堂召开，到会的地方和军队党员代表 500 余人，地方党员代表 180 人，其中通江 110 人（赤北县 20 人、赤江县 60 人、红江县 30 人，占地方党员代表参会人数 61%）、巴中县 40 人、南江县 30 人。大会选举了袁克服、曾中生、吴永康、郑义斋、傅钟等 37 人组成中共川陕省委员会，袁克服任中共川陕省委书记。大会通过了《关于目前的政治形势与中国共产党川陕省党的任务》《发展党的组织与扩大红军》及立即召开川陕省第一次工农兵代表大会等重要决议。大会决定，广泛开展分配土地的斗争，充分发动群众，彻底打垮封建势力。大会号召川陕人民立即掀起参军热潮，扩大红军，壮大武装力量，准备粉碎敌人的围攻。为了宣传发动群众，指导基层单位工作，大会还决定创办省委机关报《川北穷人》（后改为《共产党》），组建川陕省委党校，每期培训 200—300 名干部。川陕省委成立后，川陕省临时革命委员会在特殊时期的使命和作用结束，中共川陕省委开始了对川陕省地方党组织的统一领寻。川陕省委下设组织部、宣传部、妇女部、监察委员会及秘书处。省委机关初驻通江县城东关岳庙，后因战争需要先后转移迁驻新场坝、得汉城、毛浴镇、沙溪嘴、洪口场、巴中城、旺苍坝等地。

1933 年 6 月，红军反“三路围攻”取得了完全胜利，苏区得到了巩固和扩大。6 月 25 日，中共川陕省委在红江县新场坝召开了第二次党员代表大会。出席会议的党员代表共 248 人，代表川陕苏区1000余名党员。选举了新的省委领导成员，袁克服继任书记（至1933年10月由周光坦接任）。

会议听取了曾中生代表省委所做的政治工作报告，肯定了第一次党代会以来省委的工作。根据反“三路围攻”胜利后的新形势和党中央的指示，会议作出了《目前政治形势与川陕省党的任务》的决议，决定大力扩大红军和地方武装，深入开展土地革命，军事上实行进攻路线，加强各方面建设，发展和健全各级党组织等。明确了川陕省各级党组织的当前任务就是采取最坚决的进攻敌人的路线，消灭四周敌人，巩固已得胜利，开展更伟大的斗争，形成伟大的红军，争取苏维埃政权在西北一省、数省的首先胜利这个总任务。为此，决议提出了具体的任务和工作方针：第一，扩大红军、游击队、赤卫军。“应当注意的是在‘保卫赤区’，一寸土地也不让敌人侵犯和巩固已有赤区，争取‘一省数省首先胜利在西北的首先实现’等口号下，大大进行宣传鼓动，发动广大雇工、贫农和可靠的中农自愿的扩大红军，创立并扩大英明善战的游击队和赤卫军，反对不经过宣传拉夫抽丁式的扩大红军、游击队、赤卫军”。指出近期内要动员一万人参加红军，把缴得敌人的枪全部扛起来，不空“一支枪”。要加强党对地方武装力量的统一领导，输送最坚强的党团员到游击队去，提高地方部队的战斗力。第二，扩大和深入土地革命。决议要求各级党政组织，严格遵照中央和川陕省颁布的土地法令，继续开展土地革命。在已经分配土地的区域内，要进行查田运动。指出：“必须用宣传煽动方法动员群众，反对一部分落后农民因家族关系、乡土关系、主佃关系、个人实惠等包庇富农地主的行为。这里必须雇工会、贫农团能起积极作用。在正在分配土地和新发展的区域内，必须用最大速度、最大宣传和组织力量，动员贫苦农民群众来热烈分配土地。”第三，建强苏维埃政权。必须将苏维埃的理论和实际，经过苏维埃学校、训练班、读报会、识字班、会议演讲、文字宣传、戏剧、画报等形式，使广大群众了解，让广大群众懂得苏维埃政权与豪绅地主政权的根本区别，并能运用苏维埃政权的权力去镇压反革命活动。第四，扩大和健全党的组织。清除一切不纯分子，吸收在反“三路围攻”中表现坚决的工农分子入党。健全省委各部门、县、区的党组织和党的支部，加强党对反帝大联盟、革命互济会、妇女生活改善委员会、共产主义青年团以及苏区的经济发展、文教卫生、宣传、出版、发行等项工作的领导。

大会通过《红军与地方武装问题决议案》，明确提出了要苏区群众普遍实行军事化、政治教育化，武装保卫赤区。各级党政组织要不折不扣地执行优待军烈属条例；尽量储备足够的粮食，军用物资；开设医院，服务于红军；同时组织精干力量，去白区开展白军内部的士兵运动，向他们宣传党和红军的优待俘虏政策，达到瓦解和击溃敌人的目的。

（三）成立各级苏维埃

苏维埃是工农民主专政的政权，苏维埃代表大会的代表都来自工农兵劳苦大众。在省、县、乡（区）、村不同层级的苏维埃体系中，村苏维埃是最基层政权组织，它通过村群众大会，实行普选，将最穷苦、被公认有为穷人办事的人选出来，担任村苏维埃主席或者委员；接着再建立乡（区）、县苏维埃政权。至1933年1月，通江县境内建立了赤北、赤江、红江3个县苏维埃，随后建立了洪口、苦草坝2个特别区苏维埃。全县共建立区苏维埃政权25个，乡苏维埃政权145个，村苏维埃政权916个。

赤北县苏维埃政府，成立于1933年1月初，它是红四方面军入川后建立的第一个县级苏维埃政权。县苏维埃机关初驻两河口，后迁驻泥溪场，辖6个区苏维埃、29个乡苏维埃，首任县苏维埃主席丁三斗。

赤江县苏维埃政府，成立于1933年1月，县苏维埃机关驻毛浴镇，辖13个区苏维埃，2个区级市苏维埃，84个乡苏维埃。首任县苏维埃主席谢在江。

红江县苏维埃政府，成立于1933年1月，县苏维埃机关驻涪阳坝，辖6个区苏维埃、31个乡苏维埃。首任县苏维埃主席贺明善。

洪口特别区苏维埃政府，成立于1933年春，区苏维埃机关驻洪口场街道，领导川陕省苏维埃设在洪口的企事业机构。特区苏维埃主席邓才礼。

苦草坝特别区苏维埃政府，成立于1933年2月，区苏维埃机关驻苦草坝街道，领导红四方面军总供给部所属的兵工厂、造币厂、被服厂和川陕省苏维埃经济公社总社等单位的行政工作，特区苏维埃主席徐东山。

地方苏维埃政权主要任务有十项：一是打倒土豪劣绅；二是没收地主豪绅“五大财产”（土地、耕畜、农具、多余的粮食及其在农村中多余的房屋）；三是建立各种工作部门；四是保卫治安；五是管理市场，公平交易；六是代表工农意见；七是管理妇女婚姻；八是清除奸细；九是支援前线；十是发展生产。

川陕省苏维埃政府的成立。在建立了赤北、赤江、红江及巴中、南江等县级苏维埃政权后，1933 年 2 月 17 日，川陕省第一次工农兵代表大会在通江县城召开，到会代表 120 人，其中女代表 30 余人，会议历时一周。大会通过了《川陕省苏维埃组织法》，对川陕省苏维埃政权的性质、任务做了明确规定；对各级苏维埃代表的产生方法、人选条件以及代表的权利等做了明确规定。大会经过讨论，选举了以熊国炳为主席的川陕省苏维埃执行委员会，委员共 11 人，下设内务委员会、文化教育委员会、粮食委员会、劳工委员会、土地委员会、革命法庭、政治保卫局、交通委员会、外交委员会、经济委员会、财政委员会、省军区指挥部等部门，同时根据《川陕省苏维埃组织法》，成立了省监察委员会。

从省苏维埃到村苏维埃的内设机构及职责职权，都按照《川陕省苏维埃组织法》的规定设置，各级苏维埃工作人员的编制和工资标准，都按照《苏维埃组织法及各种委员会工作概要说明》执行。乡、区以上各级工农兵代表大会是最高权力机构，下设执行委员会和监察委员会。执行委员会是执行机构，负责完成上级政府部署的各项任务，完成工农兵代表大会的各项决议。执行委员会下设常委会、主席、劳工、经济、土地、粮食、裁判、内务、文化教育委员和保卫局代办处等。监察委员会是监督机构，负责检查执行委员会执行党的决议、政府法令的情况，检查工作人员工作是否徇私舞弊、消极怠工等工作纪律，并将检查情况反馈。各级苏维埃，服从同级党组织的领导，执行工农兵代表大会的决议。村苏维埃由主席、土地、劳工三委员组成，均不脱产。

《川陕省苏维埃组织法及各种委员会的工作概要说明》对各级苏维埃工作人员的编制数量做出了明确规定：县苏维埃执委 27 人，常委 11 人。常委均须脱产，包括伙食费在内每人每月工资 6 元。各部所需工作人员，经过常委会或执委会会议决定可酌量增加，但脱产者不得超过 10 人，工资不得超过 5 元。区苏维埃执委 13 人，其中常委 7 人脱产，包括伙食费每月工资 5 元。各部在必要时可增加工作人员，但不得超过 4 人，工资不得超过 5 元。乡苏维埃只有 3 名常委脱产，工资每人每月包括伙食费 4 元，工作人员不得超过 2 人，工资亦以 4 元为限。村苏维埃所有干部均不脱产，亦不能起伙。这些严格的制度保证了苏维埃有效地防止机构臃肿。

由于处于战争时期，苏维埃政权的工作很多由党组织直接领导完成，领导干部也经常在军队与地方之间交流，形成党、政、军共同建立、发展根据地的局面。各级苏维埃中心任务是打土豪、分田地，动员参军参战。

（四）建立群团组织

川陕省第二次党员代表大会通过的《组织问题决议》指出“集体领导是非常必要的”。对政府部门、地方武装、群众团体的领导，通过建立“党团”（相当于党组）实现，对部队的领导通过各级政治机关实现。上级党组织指定党团书记，负责具体领导，执行党的决定。党团受同级党委领导。设立党团的基层组织，发挥核心作用。为充分组织发动群众参加革命斗争，各地成立了工会（雇工会）、贫民团、少共、妇女生活改善委员会、反帝拥苏大同盟等大量的群众团体组织，把社会各个阶层的群众团结在党的周围，凝聚群众力量共同建设苏区。苏区群众不分男女老少，都有自己可以参加的组织。

工会（雇工会）是最大的群团组织，由城乡作坊的工人、店员等组成，由农村的雇农和雇工组成的称为雇工会，统称为工会组织。1933 年 2 月，赤江县最早成立县工会。赤江、赤北、红江三县工会下辖 29 个区工会，133 个分工会，400 多个村工会小组。同时，还在各厂矿、企业组织建工会 20 余个，共发展会员 2 万余人。在此基础上，1933 年 3 月，川陕省第一次工人代表大会召开，成立省总工会，木工王怀当选为川陕省总工会委员长。会议颁布了《工人斗争纲领》，创办总工会机关报《斧头》。工会组织会员，积极投入工农业生产，支援前线，动员工人参加红军，动员民工参加运输队、担架队。罗坪兵工厂工人仅用一年零 15 天时间，就生产子弹 100 万余发，炸弹、炮弹 13.8 万余发、枪炮 3 万余支（门）。

贫农团是农村中贫农和雇农的结合，是苏维埃政权在农村中的基础，各村设小组，乡以上组织机构中不设。1933 年，赤北县长坪区第三乡①成立了第一个贫农团。贫农团组织了 60%以上的贫农和雇农参加革命。主要任务是平分土地，发展生产；组织运输队、担架队，支援前线；发动青年参军参战；监督地主富农劳

①罗家河坝，今两河口镇檬坝区域。

动。1933 年 10 月，红军攻克绥定[①]，缴获了刘存厚的兵工厂，赤北、赤江、红江三县贫农团组织了 1 万余人的运输队将兵工厂全套设备及原材料全部搬运到赤江县，组建了自己的兵工厂。

少共（共产主义青年团）是先进青年的群众性组织。赤江、赤北、红江三个少共县委均于 1933 年 6 月成立。7 月 6 日，川陕省第一次团员代表大会在新场坝召开，成立了少共省委和少年先锋团，葛贤福任少共省委书记，李玉南任少先队总指挥长。少共的主要活动是组织少先队站岗放哨，组织打土豪、支援红军，组织运输队给红军运送粮食、抬担架等。广大青年团员积极参加红军，在反“六路围攻”中，扩大的少先团，编送到红军中，少年先锋师中的大部分参加了红军。青年团员凡到 22 岁，即可转为正式党员。

妇女生活改善委员会是劳动妇女斗争和解放的组织，成员多为贫农、中农、小市民成分的劳动妇女。主要任务是领导和组织妇女参加土地革命斗争，拥护苏维埃，拥护红军，改善妇女生活及地位。乡、村两级设置妇女生活改善委员会。省委专门印发《妇女斗争纲领》，吸收妇女参加革命，强调在政治上、经济上、教育上一律男女平等，极大地推动了苏区妇女运动发展。广大妇女得到解放，激发了革命激情，在各项工作中做出了巨大成绩。妇女在各级政权机构中占有四分之一的席位。运输队中，妇女占 40％以上。扩红工作中，妇女将亲人送去参加红军，许多妇女自己也参加了红军。1934 年 8 月，妇女生活改善委员会改名为“女工农妇协会”。

①地名，今达州市。

反帝拥苏大同盟是开展反帝国主义运动的群众组织。1933 年 6 月成立了川陕省反帝拥苏大同盟，由党、团和工会等群众发起组织，最广泛地吸引群众参加。县、区设立执行委员会，乡设分会，村设立小组。主要是广泛宣传当时苏联社会主义的建设成就，反对帝国主义进攻苏联，反对帝国主义瓜分中国；反对国民党政府投降帝国主义，反对进攻川陕苏区；积极支援红军。广元煤矿工人白文龙为负责人，胡满斯为秘书长，1934 年反帝拥苏大同盟与工会合并。

各级党组织和苏维埃政权的建设，为川陕革命根据地的建立、发展和巩固提供了坚实的组织保障。川陕革命根据地完善的政权体系，搭建了共产党紧密联系群众的牢固桥梁和纽带，夯实了党的执政基础，使党的路线方针政策及红军的号召能快速在各地贯彻落实，极大地提高了党和红军的组织力、动员力和战斗力。

二、加强地方武装建设支援红军战斗

红军入川后，积极发展地方武装组织，壮大群众武装力量，保卫胜利果实。初期，从打土豪中发现斗争积极分子，组建地方武装，由驻地红军指挥，后期步入正规建设，由省军区指挥部统一组建、训练和指挥。西北军区政治部制定了《西北军区赤卫军条例（草案）》《川陕省军区指挥部组织条例》，对独立营、战斗连、游击队、赤卫军、独立团、独立师等地方武装的组成、性质、任务等做了详细规定。1933 年 8 月 8 日，在新场坝召开川陕省地方武装代表大会，成立了中国工农红军川陕省军区指挥部，指挥长方敬炎（后为张广才），建立了比较完整的地方武装组织系统，省军区由西北革命军事委员会指挥，县军区受省军区领导。省、县军区指挥部负责建立、领导和指挥辖区内的地方武装。地方武装一方面担负侦察敌情、剿匪肃特、维持后方治安的保卫任务；另一方面承担扩大红军、军事训练、配合前方作战。经过不断的战争实践锻炼，这些地方武装军事素质得到全面提高，大部分成建制的编入了红军正规部队，为消灭敌人、取得战争胜利发挥了巨大作用。1934 年夏，随着军事斗争的需要，成立了川陕省游击总指挥部，下分东、西、南、北四路，具体指挥各县的独立团、独立营、游击队、袭击队。地方武装的政治工作，平时由地方党和政府负责，战时受当地驻军政治机关领导。省军区指挥部，成立若干独立师；县军区成立独立团，独立营；区成立若干游击队、赤卫军、袭击队、战斗连、团少先模范连。通过加强党的领导和军事训练，地方武装发展迅猛。独立团、独立营、游击队、模范连遍布各地，赤卫军、童子团、少先队区区、乡乡都有，加上妇女独立营，总计 2 万余人。

赤卫军是不脱产的半军事性组织，接受地方党组织领导。平时分散居住，维护社会治安，战时集中，配合红军作战。《西北军区赤卫军条例（草案）》规定：“只有工人、雇农、贫农和可靠的中农，在 23 岁以上 40 岁以下的才能加入赤卫军。”基本上按军队的班、排、连、营、团的编制，县一级组建为团。连指导员由乡党支部书记担任，营、团政委由同级党委委员担任。

独立团也称警卫团，是由县军区指挥部直接负责组建的常年性地方武装，各级干部由县军区指挥部直接委派，武器统一调配，是苏区的“地方红军”。其成员主要从赤卫军、游击队、少先队中的精干分子中挑选，也在工农分子中招收，干部由军区指挥部委派，武器统一调拨，按正规部队编制。据不完全统计，川陕苏区建立县独立团 19 个，共 1.7 万余人。通江地区的赤江、赤北、红江三县都建有独立团。赤江县建有两个独立团，初建时 1500 人，先后由旷继勋、何海洋任总指挥。各区组建独立营，有通江城区独立营 360 余人，麻石独立营 600 人，苦草坝独立营 600 人，后大都改编入红军。

游击队是全脱产的军事组织，由县军区指挥部直接指挥。主要任务是打土豪，开展游击活动。县为团，区为营或大队，乡为中队，村为小队。大队 100 人左右，中队 30 人左右。有通江城区游击队 360 余人，罗家河坝游击队 360 人。

独立师是省军区直属，按系统组建的群众武装。有少共川陕省委组建的少年先锋独立师 1400 余人，川陕省工会组建的工人独立师 600 余人，川陕省苏维埃政府组建的川陕省独立师 2000 余人、川陕省补充师 4000 余人，系各地俘虏进行教育改造组织起来，分配到各部队参战。据不完全统计，川陕革命根据地有 48.9 万人参加各级各类地方武装。

少先队是青年群众军事组织。1932 年 2 月 10 日，中国共产主义青年团中央做出了《关于苏区先锋队决议》，1933 年 12 月 9 日，团中央又通过了《苏维埃区少年先锋队工作决议》，对苏维埃区的少年先锋队组织的建设，做了比较系统的规定。“少先队的性质：是工农劳动青年的群众的军事性（实为半军事性质）组织”，由16—23岁的男女青年组成，属团省委领导，“设少先总指挥部”，有正副指挥长，1933年省指挥部驻巴中，成立了少年先锋师，师长由总指挥长兼任，下属团、营、连，人数1000余人。主要任务是参加生产、运输物资，侦察敌情等。

儿童团是团省委系统组建的地方武装，由贫苦群众中的8—15岁的少年儿童组成的半军事组织，属于共青团领导。（团）省委设儿童局，有正副局长，秘书，组织科，教育科（干部训练班）、音乐队、模范儿童团；（团）县委设儿童局，有正副局长或称儿童书记；（团）区委为大队部，设正副大队长；乡为中队，村为小队，每小队有十余名团员组成。主要任务是站岗放哨，传递信息，慰问红军家属。川陕苏区儿童团对配合红军、赤卫军、游击队的活动，以及进行土地革命、贯彻苏维埃其他政策法令，发挥了不小作用，是一支机警、活跃的革命力量。

妇女武装。红军入川后，妇女得到解放，踊跃支前参军。1933年3月，中共川陕省委集中100名机关妇女干部和200余名妇女群众积极分子，在通江县城成立“红四方面军妇女独立营”，辖三个连，营长陶万荣，营教导员曾广澜，秦基伟担任军事教员，直属西北革命军事委员会参谋部。6月后，在“实现全民军事化”要求下，各县先后建立了妇女独立连、独立营、侦探队等。1934年3月，在长赤（今南江县长赤镇）组建了第一个妇女独立团，张琴秋任团长。全团约300人，大部分是20岁左右的年轻女性，下辖三个连，是不脱产的、半军事性的地方武装。后来，这支英雄的妇女武装经过长征，大部分参加了西路军，改编为“西路军妇女抗日先锋团”。红四方面军这支妇女武装，虽然几经扩大、缩小、改编，但它在党的领导下，一直转战于大巴山区、嘉陵江畔和雪山草地各个战场，担负着繁重的警卫、运输和打击敌人的任务，对巩固和发展根据地，保卫苏维埃政权和人民的安全，保障土地改革和各项事业建设的进行，清剿残存的反动武装，紧密配合红军作战发挥了重要作用，特别是在西进途中的多次战斗中，英勇杀敌，浴血奋战，创造了许多可歌可泣的英雄事迹，为革命立下了不朽功勋。

广泛而完善的地方武装体系，为红军队伍的补充和壮大提供了源源不断的兵源，将数万训练有素、政治过硬、作风优良的武装力量输送进红军。与此同时，地方武装还在保卫根据地、配合红军消灭敌人等方面发挥了巨大作用。

红四方面军在根据地的两年多时间里，先后开展了反“三路围攻”、三次进攻战役、反“六路围攻”等重大战役以及200余次大小规模的战斗，成功召开了木门军事会议、毛浴政工会议和清江渡军事会议，加强了部队建设，部队得到迅猛发展，从而保卫了革命胜利果实。

（一）解放通江

1932年底，红四方面军得知四川军阀混战正酣，无暇北顾，川北敌人兵力薄弱，且经济和地理条件较陕南有利，决定进军川北。12月18日，红军翻越巴山天险，进入通江两河口，守敌望风而逃。21日，红军主力通过两河口，进入泥溪场，遂兵分三路：以10师向通江东北的洪口前进，向东发展；73师经涪阳坝向通江西北的平溪坝前进，向南江发展；红四方面军总部率11、

12 师向通江县城挺进，兵锋直指巴中。

解放通江县城的战斗。1932 年 12 月下旬，红四方面军主力在瓦室铺击溃田颂尧部两个连，俘敌一个排，总部率 11、12 师沿河经毛浴镇直趋通江县城。吕子谦带领部分地下党员和群众在通江县城北门接应红军入城。25 日拂晓，红 12 师师长旷继勋、政委甘元景率先头部队抢占通江县城西北的庙子垭山梁。接应红军的吴尚德带领几十个人组成敢死队从北门率先攻入通江县城，接着红军大部队入城。战斗不到一个小时，守城之敌大部被歼，红军仅七人受伤。红 11 师乘胜追击逃跑的田颂尧部于鹦哥嘴全歼。自此，通江县城解放，并成为红四方面军的“指挥中枢”。

鹦哥嘴战斗。红军解放通江县城后，四川军阀田颂尧十分惊慌，急忙调兵回援。田颂尧部李炜如率兵由巴中向通江进犯。1932 年 12 月 29 日傍晚，红 34 团团长许世友率部首先抢占鹦哥嘴，阻击来犯之敌。田颂尧部不敌，纷纷溃逃。红军部队乘胜追击 20 华里直至杨柏河，沿途俘敌数百，歼敌一个多团。

杀牛坪战斗。杀牛坪[①]扼守通巴要道，易守难攻。经鹦哥嘴战败退至杨柏河杀牛坪的李炜如残部与从成都赶来的刘鼎基旅一同在此布防，企图抵抗红军西进。红四方面军总指挥徐向前将前线指挥所设在马家寨，亲自指挥杀牛坪战斗。红 32 团、34 团正面攻敌未克，后派突击队从马家坪经巴中的白庙、大排山直插右垭口，断敌退路。主力部队全线猛攻杀牛坪时，红 12 师 36 团抢占清江渡以南的关山寨[②]。敌见后路被截，慌忙后撤，被抢占清

①地名，今巴州区大河乡界牌村。
②地名，今巴州区清江镇烽垭村。

江渡的红 36 团歼灭大部，余部逃往龙城寨[①]又被围歼。此役是红军攻克巴中城的前奏，歼敌千余，同时解放了巴中的东北大部，为红军解放巴中打通道路。攻占清江渡的红军部队分三路进军，于 1933 年 1 月 23 日攻克巴中城。2 月 1 日，红军又解放南江。自此，以通、南、巴为中心的川陕革命根据地已经初步形成。

（二）反“三路围攻”

红四方面军创建川陕革命根据地，国民党当局大为震惊。1933 年 1 月 27 日，蒋介石委任国民党二十九军军长田颂尧为“川陕边区剿匪督办”，拨给子弹 100 万发，军费 20 万元，飞机 4 架，对红军展开“围剿”。田颂尧迅速组织左、中、右三个纵队，投入总兵力 38 个团近 6 万人，全面拉开对根据地的“三路围攻”。红四方面军根据敌我兵力达 4∶1 的具体情况，结合川北地形险要、易守难攻的特点，采取“收紧阵地、诱敌深入”的作战方针，分三个阶段作战。前两个阶段，利用有利地形，逐次阻击，大量消灭敌有生力量。5 月 17 日，徐向前召开空山坝军事会议，决定开始总反攻，6 月上旬，反“三路围攻”取得完胜。

第二阶段至最后的决战阶段，通江境内发生几场重要战斗。

得胜山阻击战。得胜山地势险要，是通江右翼门户。1933 年 4 月中旬，敌右翼纵队李炜如部三个团，从西南方向对得胜山进攻。红 11 师在政治部主任李天焕和 33 团团长程世才指挥下，巧妙利用地形，迂回攻击，毙伤俘敌官兵 1200 余人，缴枪 800 余支，迫击炮 2 门，机枪 4 挺，守住了通江右翼大门。

---

①地名，今兴文办事处中营村。

杀牛坪阻击战。1933 年 4 月 20 日，敌中央纵队五个团分路进攻杀牛坪。红 12 师 36 团依托险要阵地，顽强击退敌人在一日内发起的三次进攻，数次遭遇险情，红 33 团紧急增援。红军将士经过三昼夜激战，毙伤俘敌 1500 余人，缴获各种枪支 1000 余支，迟滞了西面敌军的凌厉攻势，同时消耗了敌军的有生力量。

鸡子顶阻击战。鸡子顶[①]是反“三路围攻”战役收紧阵地后南线的重要防线。1933 年 4 月 29 日，红军撤出通江县城驻守鸡子顶。5 月 3 日，敌曾南夫部分两路进攻鸡子顶。红 33 团和游击队凭险阻击，敌连攻数次失败，伤亡甚重。这场战斗毙敌 200 余人，伤 300 余人。在战斗中，不仅红军、游击队、赤江县苏维埃机关干部参加了作战，连山顶庙上的 12 个和尚也加入了战斗。随后，在通江东面的钥匙坡、石婆山[②]开展阻击战，为后来竹峪关战斗胜利创造了条件。

竹峪关反击战。竹峪关地处秦、蜀咽喉要道，四山雄立，三水汇流，自古为兵家必争之地。1933 年 5 月，军阀刘存厚以八个团万余人的兵力，意欲配合田颂尧部全歼红军于川陕边境地区。红 10 师、11 师分别由涪阳坝、泥溪场、洪口场日夜兼程奔赴竹峪关。徐向前总指挥亲临前线指挥作战。16 日晨，红军分三路反攻，首先攻击太平山，敌狼狈逃窜，死伤 800 余人。红军在乘胜追击中，击溃刘存厚部四个团，缴获长短枪近千支，军用品无数。由此，完全解除了刘存厚八个团对红军的左翼威胁。竹峪关战斗结束后，红军大部队向西迂回至空山坝，开始新的战斗。

①今瓦室镇桂花村。

②山名，今龙凤场镇龙凤村。

空山坝反击战。红军经过收缩，诱敌深入，决定在川陕边境的空山坝展开大反击。敌左路军立功心切，孤军深入冒进空山。1933 年 5 月 17 日，红四方面军总指挥部在空山坝召开了师以上军政领导和部分团级干部参加的军事会议，决定集中主力全面反攻。在经历了余家湾的迂回战，水磨坝的歼灭战，柳林溪的夜摸战，高歇子的奇袭战，鲁坝的阻击战，三峰台的争夺战后，敌军全面崩溃，红军乘胜追击溃敌，取得了空山坝大捷。空山坝战役全歼敌六个团，击溃敌七个团，毙伤俘敌旅长、师参谋长及以下官兵 5000 余人，缴获长短枪 3000 余支，机枪 20 余挺，迫击炮 50 余门。

至 1933 年 6 月 5 日，红军全部收复敌占领的通江、南江、巴中地区，彻底粉碎敌“三路围攻”。反“三路围攻”作战，历时四个月，总计毙、伤敌旅长以下官兵 1.4 万余人，俘敌旅长、师参谋长以下官兵万余人，缴获长短枪 8000 余支，机关枪 20 余挺，迫击炮 50 余门。敌田颂尧部损失近半，全部退守嘉陵江沿岸。

反“三路围攻”得到了根据地党政和人民群众的大力支持。川陕省委于 1933 年 5 月 11 日做出了《关于保卫赤区运动周决议》，明确了“彻底消灭田颂尧，坚决巩固赤区是川陕党目前最紧急任务”。“三县两特区”各级党政坚决执行省委决议，立即投入“到山上去，到深沟去，大大鼓动群众，动员群众基础为自己的利益斗争；完成赤江县独立师和各县独立团，集中地主、富农粮食3000石[①]，肃清地方反动分子”等工作中，竭力支援前线作战[②]。

反“三路围攻”后，川陕省苏维埃新建了江口、仪阆、广元、长赤、苍溪、万源等六个县，根据地总面积达到2.3万平方公里，人口140万。通过反“三路围攻”，红军丰富了对四川军阀部队作战经验，提高了山地作战能力，密切了同群众的血肉联系，壮大了地方武装，川陕根据地得到巩固[③]。

1933年6月底，参加反“三路围攻”的各部队相对集中在巴中、长赤、木门、三江坝一线，红四方面军总部抓住战时空隙时机，于6月28日在木门市召开“木门会议”，决定将四个师扩编为四个军。7月上旬，以第10师为基础，整合赤北、江口、万源等地的独立团、独立营，扩编为第4军。以第12师为基础，整合巴中特别市、巴中、恩阳、仪陇、阆中等地独立团、独立营，扩编为第九军。以第11师为基础，整合苍溪、长池等县独立团和其他地方武装，扩编为第30军。以第73师为基础，整合南江、红江、广元等县独立团、独立营，扩编为第31军。四个军共4万多人，最高军事领导机关为西北革命军事委员会。

（三）三次进攻战役

1933年8月中旬到10月下旬，红军又乘胜开展了仪南战役、营渠战役、宣达战役。三次进攻战役，歼敌近两万，为粉碎敌人

①石（dàn）：计量单位，1石约为60公斤。

②西华师范大学历史文化学院、川陕革命根据地博物馆编：《川陕革命根据地历史文献资料集成》，四川大学出版社2012年版，第72页。

③林超、温贤美主编：《川陕革命根据地史》，四川省社会科学院出版社1988年版，第53—54页。

新的围攻创造了更多有利条件，进一步扩大了根据地。仪南战役历时半月，歼敌 3000 余人，解放仪陇全县，解决了军民食盐供应，打破了敌人的经济封锁。营渠战役，解放了营山、渠县大部分地区，根据地向南扩展百余里。宣达战役，解放川北重镇达县，改编川东游击军为红 33 军，缴获大量军用品物资。三次进攻战役后，根据地得到了新的发展，面积达 4.2 万平方公里，人口约 500 万，红军由入川时 4 个师 1.5 万人壮大到 5 个军 8 万余人。建立了 23 个县和 1 个市的县级苏维埃政权。川陕革命根据地达到鼎盛时期，成为全国第二大苏区。

三次进攻战役得到根据地人民的大力支持。各县在川陕省委统一协调下，抽调党政干部组成前敌工作团，随军行动，建立新区党组织和苏维埃，发动群众支援军队作战。从通江到前线，都有各级兵站系统，设置茶棚、饭馆，张贴庆祝胜利的标语，全力以赴负担各种战勤工作。从宣汉、达县到通江苦草坝 300 多里沿途，成千上万的群众搬运粮食，运输伤员，运送弹药。缴获军阀刘存厚的枪 8000 余支，子弹 500 万余发，银元 1 万余枚，棉布 20 万余匹，棉衣 2 万余件，以及其被服厂、军工厂、造币厂全部设备，都由各级苏维埃组织人力搬运到通江①。

（四）反“六路围攻”

1933 年 10 月，四川军阀刘湘就任“四川剿匪总司令”，调集 110 余团约 20 万人兵力，分六路向根据地进攻。预定分三期展开

①《川陕革命根据地历史长编》编写组：《川陕革命根据地历史长编》，四川人民出版社 1982 年版，第 164 页。

围攻，第一期占领宣汉、达县、江口、营山、旺苍木门、恩阳、曾口场等地；第二期占领通江、南江、巴中；第三期会攻苦草坝，妄图以分进合击、步步为营、稳打稳扎的战法，在三个月内将红军肃清在川陕边境①。针对敌人军事部署，红军仍然采取“收紧阵地，诱敌深入”的作战方针，分东西两线作战。从12月中旬刘湘向根据地发起第一期总攻开始，到1934年4月第三期总攻结束，红军先后四次收紧阵地，经过四个半月的阻击战，抓住敌我力量对比发生变化的有利时机，从8月开始，红军全线大反攻，经东线万源决战和西线战斗，反“六路围攻”取得最终胜利。

反“六路围攻”是红四方面军战史上一次大规模的反“围剿”作战。在苏区广大人民群众支援下，经过11个月艰苦奋战，付出2万余人伤亡的代价，胜利粉碎了敌人的围攻，总计毙、伤川军副司令郝耀庭以下官兵6万余人，俘敌2万余人，缴枪3万余支，炮100余门。收复了原有区域，扩大了部分新区，沉重打击了四川军阀，田颂尧部几乎全军覆灭，李家钰、罗泽洲、刘存厚部被消灭大半，杨森、刘湘的嫡系部队损失严重，邓锡侯部也元气大伤。四川军阀惊呼“形势险恶”，四川终于成为“江西第二”。

战役前，根据地党和政府为反击敌“六路围攻”做了充分准备。1933年12月，川陕省委召开第三次省党员代表会，提出“进一步动员和组织党、政、军、民全力投入反六路围攻，以最

①《川陕革命根据地历史长编》编写组：《川陕革命根据地历史长编》，四川人民出版社1982年版，第219页。

大的决心，用一切力量消灭刘湘，保卫苏区、赤化全川的中心任务”。“三县两特区”各级党组织和苏维埃，积极配合省委宣传队，深入各地进行思想动员，深入发动群众。各乡党支部以乡为单位召集群众大会，传达贯彻第三次党代会和川陕省县苏维埃主席联席会议精神，号召全体群众拿起武器参加保卫赤区的斗争。动员广大青年积极参加红军，以区为单位组建县少先队模范营，组织妇女侦察队，建立工人纠察队等，扩大地方武装，实行全苏区军事化。成立“战斗委员会”，统一领导对敌斗争。战役中，贯彻省委红五月工作计划，清查各乡粮食，集中红军公田粮食和公粮，统一管理药材、食盐等，各级党政组织群众将前方的粮食运到后方，乡村的运到县苏维埃，保障军民后勤供应。开展“轻骑队”活动，检举政权机构内的一切不良分子。通过宣传动员，赤江城“五一”纪念大会上，就有4000多人参加红军。

反“六路围攻”中，通江境域内展开了六次大的战斗。

罗顶寨战斗。1934年4月，红军收紧阵地至县城东牛盘寨[①]、五谷寺、麻石口一线。敌21军独立旅三个团从三路进攻罗顶寨[②]。红军趁敌休整，突袭包围一个团，歼敌120余人，击毙一营长。敌其余两团急驰解围，又被围歼200余人，缴获步枪300余支。敌5架战斗机分不清敌我阵地，投入的炸弹在敌阵地中爆炸，死伤无数。红军乘势攻击，歼敌大部。

中岭梁战斗。在罗顶寨受到重创的敌军于5月初半夜渡河潜伏于中岭梁[③]下，在大炮掩护下向红军三道防线发起攻击。红军

①地名，今铁佛镇云盘村。
②地名，今万源市草坝镇中岭村。
③地名，今平昌县元山镇中岭村。

且战且退，诱敌进入机枪阵地前毙敌100余人。溃敌进入红军设置的“铁草鞋”阵①，30余人被俘。余敌退出三道防线，向河边逃窜，再遭红军阻击。敌炮兵为掩护残敌渡河，慌乱中发炮，炮弹落入敌群炸死30余人，进攻中岭梁的川军一营只剩14人过河得以逃脱。红军在结束中岭梁战斗后，又将进攻老鸦寨的敌军各个击破，敌向土城寨②、中岭梁溃退，无心恋战，丢下400余具尸体败阵而逃。

鹰龙山保卫战。鸡子顶、鹰龙山③、王坪寨④是护卫通江城的险峰。1934年6月，云集通江的四川军阀部队分三路向鹰龙山猛攻。第三路敌军“神兵”扇子队猛攻王坪寨，红军12挺机枪一齐开火，“刀劈不进，枪打不穿”的“神兵”顿时血肉横飞，陈尸遍地。7月1日，敌军又分左、中、右三路进攻红军鹰龙山前沿阵地，当晚，遭到驻扎在凉水井的红军妇女独立营袭击。2日，三路敌军再次扑向鹰龙山，红军诱敌深入，边战边退，随后集中火力切断敌军退路，毙敌300余人，缴枪200余支，迫击炮12门，轻机枪5挺。4日，红军再次击退敌人三次冲锋。这次战斗，歼敌1400余人。鹰龙山保卫战告一段落后，敌军东移，红军主力亦开始由通江向万源转进。

分水岭反击战。1934年6月，红军主动放弃通江县城西得胜山一带阵地，同时在东线击溃了土匪王三春、陈国枢部1000余人解放城口。敌以为红军要出巫山、奉节，捣云阳、万县，即把

①将铁钉钉在木板上，埋在敌人经过的途中。
②地名，今铁佛镇平坝村。
③山名，今壁山街道办事处城北村。
④地名，今壁山街道办事处千佛村。

部队由通江县城东调至万源附近。红军见声东击西的条件即将成熟，遂集中兵力准备在西线分水岭[①]实施反击，以便尔后迅速转入反攻。当敌邓锡侯部猛烈进犯分水岭时，红军集中火力迎头痛击，随后又分左、右两路从三面夹击敌人，经过激战歼敌 500 余人，并连续攻破敌 10 余条防线，直插敌主阵地马鹿寨，敌凭险固守。由于战区狭小，加之天降暴雨小通江河水暴涨，妨碍了红军后续部队的运动和粮弹的补给。据此，红四方面军决定将部队移至小通江河以东的碑坝至鹰龙山一线与敌隔河对峙，另寻战机反攻敌人。分水岭阻击战，为红军依托巴山调动敌军，创造反攻条件奠定了基础。

杇石坎战斗。1934 年 8 月中旬，红军主力向西挺进，三次攻打杇石坎失利，牺牲 60 余人。红军经短期休整，在当地苏维埃干部的配合下，组织轻装连潜伏于杇石坎前面的龙池山和大包梁伏击敌援军，主力在仙女山夹击敌人。此战消灭敌军一个团，击毙 200 余人，伤 100 余人，俘 100 余人，缴枪 200 余支，子弹万余发。杇石坎战斗是红军从东线向西线反击的一次重要战斗，为红军向西线挺进打开了大门。

（五）粉碎“川陕会剿”的准备

敌“六路围攻”失败后，蒋介石又制定了“川陕会剿”方案，一方面从经济上给四川军阀以支援，另一方面令陕西的胡宗南、上官云湘率国民党中央军向四川开进，加紧准备“会剿”。为粉碎敌人“川陕会剿”，川陕省委、红四方面军和川陕省苏维

①山名，今诺水河镇官田坝村。

埃召开会议总结经验教训，深入发动群众，再次整军备战。

1934年10月，川陕省第四次党员代表大会在巴中县城召开，着重讨论粉碎“川陕会剿”问题，通过了《目前政治形势和粉碎国民党“包剿”的决议》，总结了川陕苏区开展游击战争的经验，制定了在粉碎“川陕会剿”的战斗中，普遍开展游击战争，发展和扩大地方武装的战略方针，动员全党力量巩固苏区，在争取彻底消灭刘湘，粉碎“会剿”胜利基础上继续扩大苏区。这次会议从思想上和组织上为粉碎“川陕会剿”进行了充分准备。12月11日，川陕省第三次工农兵代表大会召开，会议贯彻全省第四次党员代表大会的决议，决定深入进行土地革命，加强各级地方政权建设，为粉碎敌人“川陕会剿”的战略任务打下良好的群众基础。

为突破“川陕会剿”，红军进一步加强了部队建设。1934年11月1日至9日，红四方面军在毛浴镇召开全军党政工作会议，连以上政治干部800余人参加。会议总结了反“六路围攻”以来的党政工作，通过了《红四方面军政治与党务工作决议案》《团政治处暂行工作细则》《军师政治部工作暂行细则》等一系列加强政治思想工作的文件。制定了“智勇坚定，排难创新，团结奋斗，不胜不休”的红四方面军训词。会议强调，政治工作坚强与否，党的领导充实与否，是战胜敌人的最主要条件。提出今后党政工作的方针，明确了八项任务：加强平时和战时的动员，完善政治工作的组织与计划，改进政治思想教育工作，健全支部工作，认真做好肃反与清洗工作，加强对白色士兵的宣传和教育工作，深入开展群众工作，增加对医务经理部和事务人员的政治教育。毛浴政工会议是红四方面军历史上具有重大历史意义的会议，这次会议把政治工作与军事工作密切地结合，进一步加强了党对红四方面军的绝对领导，总结提升了军队政治工作，重新制定了红四方面军下一步工作方针，再次鼓舞动员了红军战士，对加强部队政治建设起到了积极作用，使红四方面军成了绝对忠诚于党的人民军队。

1934 年 11 月中旬，红四方面军在巴中清江渡召开了师以上干部和少数团干部参加的军事工作会议，会议总结了反“六路围攻”的经验教训，制定了《军事教育计划大纲》，着重研讨了打破敌人“川陕会剿”的战略方针和作战计划，会议同意川陕甘计划（在川陕甘边区建立根据地），其基本指导思想是依托老区，发展新区，建立新的根据地。两次会议后，部队进行了调整，总兵力达 5 个军 11 个师 32 个团，各游击指挥部所属武装改编为独立 1 师和独立 2 师，进一步加强了部队政治教育和军事训练，兵员、物资得到补充，提高了部队战斗力。同时部队参加地方工作，协助地方党政机关促进根据地恢复和建设，为迎接新的战斗任务做好了准备。

三、川陕革命根据地在通江开展的土地革命和各项建设

（一）开展土地革命

实行土地革命，解决农民土地问题，既是新民主主义革命的中心任务之一，又是巩固工农联盟的重要基础，也是农民实现经

济解放的重要手段，更是支持长期战争的重大保障。川陕省委、省苏维埃和红军贯彻《中华苏维埃土地法》，吸取鄂豫皖土地分配的经验教训，抓住川陕地区农民问题的主要矛盾，结合川陕社会特点，颁布了《关于土地问题的布告》《关于土地改革布告》《怎样分配土地》等一系列政策法令，对分配土地的方法、阶级成分的划分做出具体规定，指导土改工作的开展。“三县两特区”遵照省委“用最快速度，最大宣传和组织的力量，动员全体农民群众起来热烈分配土地”的指示，展开了一场轰轰烈烈的土地革命运动。

按照《川陕省苏维埃组织法》规定，领导土地分配的机构有川陕省、县、区、乡、村各级苏维埃土地委员会。实际分配中，红军政治部（处）民运工作队（股）负责指导。川陕省苏维埃土地委员会的主要任务：1. 没收分配局按照土地法令，进行查田，没收暗藏地主分得的土地，收回富农分得的好土地。实行红军游击队员分好土地，有优先权利和代耕制，新发展的苏区用很大力量迅速分配土地。……3. 土地培养局，研究土质的好坏，适宜种什么东西，筹划田地的肥料，制造农具，研究种子，开垦荒地等。县苏维埃土地委员会的主要任务：1. 检查各区分配土地是否按土地法执行，立即进行查田；新发展苏区，要用很大力量迅速分配土地。……3. 执行省苏维埃对土地问题的决议和指示。区苏维埃土地委员主要任务：“审查和正确划分区的阶级成分，实行分田查田、发给土地证。灌溉水利，解决农具问题。”乡苏维埃土地委员主要任务：“ 动员群众分配土地进行查田”。村苏维埃土地委员：“调查和统计全村人口成分、土地分配及群众生活改善的情形，报告乡苏[①]。”红军政治部（处）民运工作队（股）的主要任务，据红33团政治处民运工作队队长候礼堂回忆：“每到一个新区，就建立政权、党组织，没收地主（财产），组织武装，分配土地，还要建立雇工会、贫农团。……我们政治处，民运工作队每到一个新区，都要去宣传土地法、土地政策。”[②]

“三县两特区”的土地革命主要经历了三个阶段。

1932年12月—1933年7月，从红军入川到反“三路围攻”期间，土地革命以打土豪为主，分田地为辅。这一阶段，以红军为主要力量，重点打击四类人：豪绅、地主、团总、区正、民团队长以上，白军退伍的连长以上者；财产不多，但恶劣对待群众的甲长、差役、清共团头目、收款委员等“穷恶人”；群众公认的小地主、富农等发财人；专门为发财人催租逼债的“滚刀皮”。打土豪以没收、分配他们的土地、耕畜、农具、粮食、房屋等“五大财产”为主。这一时期，除泥溪、沙溪等地按《布告》平分土地外，其余都是以“打土豪”为主。1933年3月，省苏维埃根据《中华苏维埃土地法令》和川陕边区实际，首先在赤北、赤江开始分配土地。4月中旬，赤北、赤江、红江等县分配土地结束。据原苦草坝五乡苏维埃主席冉明杨回忆：“划分阶级以后就组织查田队，我们苦草坝五乡每个村选了5个老年农民跟到土地委员一路，逐个逐个田估计面积，进行登记。地主的田估计得紧

①西华师范大学历史文化学院、川陕革命根据地博物馆编：《川陕革命根据地历史文献资料集成》，四川大学出版社2012年版，第144—148页。

②中共通江县委党史工作委员会编修：《通江苏维埃志》，四川省社会科学院出版社1988年版，第230页。

些，穷人的田估计得松些。登记中，要分清是自耕的，还是佃种地主的。然后到乡苏维埃统一计算，按人口平均，看全乡一个人该分好多。”

1933年8月—12月。这一时期，“平分田地”大规模开始，土地分配的权限收归乡苏维埃。第一步，按照《布告》和《怎样分配土地》的政策规定，从省到乡成立“土地分配委员会”，具体领导土改工作。第二步，审定阶级成分，分清敌我界限。一般定为地主、富农、中农、贫农、雇农五种。第三步，清田亩、划等级，以劳动力人口为基数拟定“分田方案”，张榜公布，征求意见，由土地委员以“界石”或“竹签”确定四至界限。第四步，发放“土地使用证”或“田凭”。召开乡、村群众大会，宣布土改成果，当场发放“田凭”（土地使用证），以法律形式确定农民的地权，各乡村召开群众大会庆祝，不少地方还举行军民联欢会，欢庆共产党和红军给穷人带来幸福。土地分配中，要预留“红军公田”，一般以乡为单位，留一石或五石（10背或50背面积），红军公田一般由代耕队代耕，或由劳力强的贫困户耕种，收成对半，分成支公。

川陕省第二次党员代表大会以后，在已经分配土地的区域，开展查田运动。没收地主和富农分得的土地，重新分给贫农、雇农。不得侵犯中农利益。强调新区要以最快速度，发动群众分配土地，号召群众自己参加斗争，不能完全由红军“赏赐”①。

从1934年12月到红军撤离，进一步开展查田查阶级运动。

①林超、温贤美主编：《川陕革命根据地史》，四川省社会科学院出版社1988年版，第61页。

在前期查田基础上，由雇工、贫农团组织查田队，按照土地法令进行查田，没收地主隐藏的土地，收回富农分得的好田地，监督平分土地工作。在已经完成土地分配工作的通江等“老二改区”，查田与查阶级、改造苏维埃工作相结合，查田以《平分土地须知》为政策依据，查地主的土地是否完全没收，富农是否仅仅留下坏田，贫雇农、红属是否分得好田，红军公田耕种得如何，下级苏维埃委员的成分和工作情绪等，坚持有错就纠，该补则补。

川陕革命根据地时期，共产党坚持把土地革命作为“是做好一切工作的出发点和基础”，认真执行党中央颁布的《中华苏维埃土地法令》，制定了符合川陕苏区实际的政策，充分宣传发动群众参与，“三县两特区”土地革命取得巨大成就。其一，推翻了封建土地所有制，摧毁了农村封建势力，改变了旧的阶级关系。平分土地，使农民得到了梦寐以求的土地，解除了地租、高利贷和苛捐杂税的盘剥，挖除了农民的“穷根”，使土地回到农民手中，经济上得到解放，生活有了保障。其二，解放了生产力，推动了经济的快速发展。分得了土地、农具、耕牛、种子的广大农民，充分挖掘土地的潜力，粮食连年增产，为根据地的经济建设和保障战争提供了物质基础。苦草坝的农民因为分得土地，劳动热情高涨，连续两年大丰收，“粮食亩产由1933年前的100斤左右增加到200至300斤”。[①] 其三，激发了广大群众的革命积极性。广大群众在土地分配的革命实践中认识到，只有在共产党的领导下，进行革命斗争，才能摧毁旧制度，建立新制度，

①中共四川省委党史研究室著：《中国共产党四川历史》（第一卷），中共党史出版社2021年版，第176页。

才能改变贫穷落后的处境。只有紧跟共产党和红军，才能生存和发展。因此，根据地群众积极参军参战支前，为保卫根据地而战斗。当时总人口 4300 人的陈河乡就有 400 多人参加红军，还有众多农民参加赤卫队、独立连等地方武装和运输队。国民党报纸哀叹道“川陕由于兑现了土地革命纲领，许许多多农民跟着红军跑”[①]。

川陕苏区时期土地革命虽然取得成功，但在整个过程中，“三县两特区”不同程度地执行了一些“左”倾错误政策，尽管后来得到纠偏，但仍然给根据地党、红军和广大群众带来了不应有的损失。当时，党中央的王明“左”倾教条主义者同共产国际远东局以中共中央的名义起草的《土地法草案》中规定了“地主不分田，富农分坏田”，“三县两特区”在执行这一政策期间忽视了对地主、富农的教育改造工作，采取肉体上消灭地主，经济上消灭富农的错误行为。这种行为使地主、富农感到走投无路，求生无望，便铤而走险，始终与人民为敌，想方设法混进或派人打入革命组织内部，进行各种破坏性活动，与敌人的散兵游勇、土匪、神团勾结，组成反动武装集团，扰乱根据地后方，杀害革命干部。另一方面，不少地主因为不分田，缺乏自食其力的生产条件，只得向农民乞讨为生，有的成为盗贼，不仅没有达到改造地主的目的，反而增加了社会负担。同时，在土地革命中，划分阶级成分时也出现了不少偏差，部分富农性命不保，将中农当作富农没收好田，损害了少数中农的利益，扩大了打击面，混淆了阶级阵线。

---

①中共达县地委党史工作委员会：《川陕革命根据地斗争史》，华夏出版社 1989 年版，第 194 页。

（二）加强党的建设

中共川陕省委为了争取更大的胜利和落实中央的指示精神，在川陕省第二次党员代表大会上通过了《目前政治形势与川陕省党的任务》的决议，除重点强调“扩大和健全党的组织”的问题外，专门通过了《组织问题决议案》，具体就加强党的建设明确规定。《组织问题决议案》指出：“自第一次川陕省党代会后，省委在组织上已将党的基础形成起来。”大会明确了今后党的组织任务，对发展党的组织、提高党的质量，建立健全党的支部，培养和提拔干部，加强党员、干部的理论学习等项工作，做了详尽的规定和要求。第二次党代会以后，“三县两特区”党的建设取得长足发展。

党员发展。在打土豪、分田地的革命斗争中物色入党对象，再经过教育、审查、考验、履行手续的程序，并且都秘密进行。入党条件主要看阶级成分和工作表现，成分上属于贫农、雇农等被剥削阶级，思想上对共产党有初步认识，对红军有一定了解，工作上积极勇敢，完成任务坚决，年龄 18 岁以上。正如《中共川陕省委关于保卫赤区运动周决议》所提：“谁个有决心消灭敌人，谁个在战场上勇敢，谁就可以入党。”1933 年 6 月以前，入党相对简略，也没有固定程序。主要通过开会发展，在红军召开的宣传大会上，放上“加入中国共产党报名处”的木板，会后按登记名单进行简单的审查即可。“一般只要（工作队）发现一人成分好、与红军同德同心，便向上级报告，由连队指导员（支部书记）或区委书记谈话，了解入党意愿，随后即可参加党的会议，成为正式党员。”第二次党员代表大会后，程序逐步严格。正式党员从阶级成分、工作态度、历史清白的工人、农民中物色发展对象，然后征求其本人意愿后，向党小组长报告，发给登记表，学习党章和党员须知，填表后，由组织审查三代历史，经过谈话，交党支部讨论后，再报县委组织部批准，然后宣誓，发放党证，正式承认党员。为了保证党员质量，对阶级成分要求十分严格，绝对不允许地主、富农、坏人入党，必须是工人、雇工、贫农及可靠中农。“必须清除党内异己分子和投机分子”。雇农、贫农只需一名党员介绍即可，中农必须两名党员介绍，其他成分的更要报省委批准。新党员宣誓秘密进行。誓词是：“一、我诚心愿意加入中国共产党。二、忠实于党，执行决议。三、遵守纪律，保守秘密。四、牺牲个人，死不背党。”新党员一般有候补期。《党员须知》规定：“新党员一定要经过候补期，在候补期中要从工作上切实考察，重要会议不得参加。党员候补期满，须经过支部通过，才能转为正式党员。”《中共川陕省委第四次全省党员代表大会对组织问题的决议》又做了修改，规定：“工人雇工加入共产党不要候补期，但是中农加入共产党就要一月候补期……小资产阶级（如城市）或学生加入共产党就要半年候补期。”每个新党员，都要按工作单位和工作需要被介绍到一个支部，开始党的组织生活。严格组织生活，加强党员管理。党的组织一般不公开，党员身份必须秘密，会议、学习、接收新党员都要在晚上进行。必须自觉遵守党的规定和党的纪律，积极参加各种活动，必须坚决完成上级交办任务。“按期交费、按时开会”是每个党员必须履行的义务。按规定“三个月不缴党费就要开除党籍”。党费按月交，铜圆就是一个“大二百”（200 文），布币就是一张“两串”。

省第二次党员代表大会后，党组织得到快速发展。发展党员条件也更加严格，既反对“关门主义”，又反对“拉夫式和不注意成分”。1933 年 12 月省第三次党员代表大会召开时，川陕革命根据地党员数量已经翻倍，达 3 万余人（不包括军队中的党员）。通江县境内各地发展党员 3000 余名，其中赤北县 800 余名，赤江县 1300 余名，红江县 600 余名，苦草坝特区 200 余名，洪口特区 100 余名。红军撤离根据地开始长征后，90%以上的地方党员随军西进。

支部建设。党支部是党在各乡的基层组织，《组织问题决议案》指出：“党经过支部去领导群众，故支部在群众斗争中要起核心作用。”其主要任务是“执行党的路线，将各种斗争的积极分子介绍入党，有计划地训练新党员，经常开会讨论党的文件和工作，严格检查党员履行党的任务”，并领导乡苏维埃完成上级交给的各项工作任务。《组织问题决议案》要求“支部成为农村斗争中党的活动车轮”，强调“支部是教育党员的学校，每个党员都要过支部生活”“支部是共产党的血，人没有血就活不成，共产党没有了支部就起不了作用”。规定“一个支部就应有一个干事会，干事会中有一个书记、组织干事、宣传干事、工会干事、和苏维埃干事 5 个人”。干事会每天一次，小组会议和小组长联席会议 10 天一次，没有小组的支部每月开两次会议。支部、小组联席会议，区委派人参加，会议情况在第二天上报区委。从川陕省委到基层的党支部，通过会议和巡查制度“实现党的垂直领导，要下级服从上级”。县委加强对区委的领导，执行党的纪律。为加强党员的理论学习教育，省委编发《党员须知》，这是一本浅显易懂的关于党的基本知识的小册子，全书讲了18个问题：1. 共产党是什么？2. 党员与党的关系怎样？3. 党员在群众中应该怎样去活动？4. 党员的基本任务是什么？5. 党的组织原则是怎样（的）？6. 党的纪律是怎样（的）？7. 党内斗争。8. 自我批评。9. 缴纳党费。10. 读党的文件。11. 怎样介绍同志？（即发展新党员）12. 怎样开会？13. 支部是什么？14. 支部是怎样的组织？15. 干事会的工作。16. 支部书记的任务。17. 红军中党的组织系统。18. 红军党与地方党的关系①。《党员须知》从共产党的性质、党的领导任务、党员与党的关系，讲到党支部的基本任务和党员应遵守的事项等，道理明白，规定具体。它不仅对地方党的建设，而且对部队党的建设和政治工作建设，都起到良好作用。根据建党理论和党章，结合红军部队的实际情况，还编写了军队基层党支部执行的《支部组织及其工作》，从共产党的性质和特点出发，讲述党支部的组织意义，支部活动原则，支部干事会（当时，部队有5名以上党员的单位成立支部干事会，10名以上的单位成立支部委员会，支部干事会与支部委员会工作相同）、支部书记、支部干事如何进行工作，小组长的职责等，增强他们的组织观念，遵守党的纪律，特别是支部骨干如何正确地开展党的工作，起到了极其重要的作用。

思想建设。加强党的思想建设是党的建设重要工作。同其他

①林超、温贤美主编：《川陕革命根据地史》，四川省社会科学院出版社1988年版，第82—84页。

苏区一样，川陕苏区党员的成分大多为农民，部分是手工业者。绝大多数人目不识丁，对于什么是党，什么是无产阶级革命，什么是马列主义，都缺乏基本的了解。大批的农民、手工业者加入党组织后，又很快充实到各级领导岗位，担负起十分繁重而陌生的工作。这就急需迅速提高党员队伍的政治思想水平，才能保证党的方针政策的贯彻执行。中共川陕省委的历次党代会对党的思想建设做了严格的要求和规定。

川陕省第二次党员代表大会通过的《组织问题决议案》指出："在发展党的组织时一个十分紧迫的任务就是将党的政纲与理论进行通俗化的宣传。"明确规定每个党员必须加紧学习马克思列宁主义的基础知识，对于新党员要有计划地进行训练，通过小组会议、读书读报、公开演讲和开办识字班等途径，提高党员的理论水平和文化水平。

严格组织生活制度是加强党的思想建设的另一个重要环节。由于战争环境和阶级斗争的复杂性，党的组织一般不公开，党员身份必须严格保密。每个党员要自觉遵守党的规定、党的纪律，积极参加党的活动，按时交党费，按时开会。每个党员对上级交给的任务必须坚决完成。党组织对临阵脱逃、泄露机密、违犯党的路线、不执行党的决议、不参加小组活动等都给予严厉的纪律制裁。

为了加强对党员的培养教育，1933 年 7 月，川陕省委创办了中共川陕省委党校，首任校长陈开。党校的主要任务是培养县委和区委干部。每期学员 300 余人，多是农民、乡村支部委员。学习内容因班而异，一般都设有马列主义理论、党的基本知识、方针政策、军事和有关专业知识技能等课程。教材来自省委机关报《共产党》，中共六大通过党章、《党员须知》，中华苏维埃的《劳动法令》《土地法令》等。同时，党校教师、校长也编写教材。省委的一些负责同志经常到党校讲课。各县也先后开办党员训练班（包括流动训练班），主要讲述支部工作、政治工作和土地政策等。通过举办党校和党员训练班，各地培养出大批基层干部和党务人才，加强了党的思想建设，提高了思想觉悟和理论水平。

纪律建设。为了适应战争环境，提高党的战斗力，党组织对党员干部的各个方面都规定了铁的纪律。通过学习，让所有的党员干部明确和遵守。政治纪律方面，要始终相信党，高度统一，反对分裂。组织纪律方面，少数服从多数，执行党的决议。群众纪律方面，全心全意为人民服务，不拿群众一针一线。战场纪律方面，身先士卒，冲锋在前，退却在后。工作纪律方面，忠于职守，坚决完成任务。保密纪律方面，严守党的秘密，不能向任何人（包括妻子、子女）说出党的秘密。对纪律的特性和作用，川陕省委也做出了具体明确的要求，《党员须知》① 上明文规定："1. 党的纪律是铁的纪律，对任何同志不稍宽藉。2. 党的纪律是含有教育性的处罚，并使同志自觉地去纠正和克服他的错误。3. 党的最高纪律是开除党籍。开除党籍，就是标志他的政治生活破产。4. 党内没有血的纪律。"对违反纪律的进行严厉处分。《支部组织及其工作》规定，"对于犯错误的同志除用教育方法外，还须酌量给予相当处分（预告、劝告、警告）或惩罚担任某种工

①四川大学编：《川陕革命根据地历史文献选编（下）》，四川人民出版社 1982 年版，第 735—737 页。

作，并报告上级党部”。党员屡次犯错误，离开党的路线不能改正者，实行清洗出党。廉洁奉公是苏区党政干部的基本要求之一，违犯者要受到严厉惩处。一切机关都要反对徇私舞弊、浪费公物，强调厉行节约。对于贪污公款及侵吞打土豪收缴的财产者，一般都要给予极重的处罚，乃至杀头。罗家河坝乡苏维埃副主席杨某某因贪污钱财被保卫局处决。弯柏树乡苏维埃主席戚某某把没收土豪的金银拿回家而被赤卫军营长奉命处决。泥溪乡赤卫军连长马某某与另两人打土豪时私分了三只羊而被保卫局处决。苦草坝区五乡消费合作社社长郑某某因打土豪时拿了糊田埂的扯板子而被保卫局处决。“川北党是直接在与帝国主义走狗国民党进行武装斗争中发展起来的。党的工作作风是英勇斗争、积极工作、埋头苦干、勤劳朴素，着军服握枪刀、作战搜山、抬伤兵、背粮食……因而养成了党的干部的战斗性和踏实性。但另一方面，又沾染上了一些教条、经验、宗派主观主义和‘军阀’作风。党内民主生活不足。”①

宣传工作。川陕省委高度重视宣传工作，提出“在做一切工作的时候，宣传工作要打先锋”的口号②，建立各系统宣传队伍，以别具特色的宣传形式，开展内容丰富的宣传工作。

由省委宣传部、省苏维埃文化教育委员会和红四方面军总政治部分工负责，分地方和军队建立了宣传队伍。部队宣传队伍。红四方面军总政治部及各师政治部组织有贴发队、粉笔队、錾字

①《川陕革命根据地历史长编》编写组：《川陕革命根据地历史长编》，四川人民出版社 1982 年版，第 56 页。

②中共达县地委党史工作委员会：《川陕革命根据地斗争史》，华夏出版社 1989 年版，第 251 页。

队，随军在各地錾刻石刻标语，散发书写口号。团以上的政治机关都有宣传队，每队约 30 人。“三县两特区”大量的石刻标语，绝大部分是红军錾字队錾刻的。各营、连都有几名兼职宣传员和錾字队，做群众和战士的宣传工作。连队的宣传队是临时从各班、排抽调，任务完成后，仍回原地。这些部队的宣传队，每次外出 5 天或 10 天，返回部队汇报总结一次，学习、研究文件，讨论分工。地方宣传队伍，一是省委宣传部宣传队，200 余人，多系青年妇女，其任务是宣传党和苏维埃、红军的政治主张，宣传党和政府的中心工作。錾字队，20 余人，组织石工錾刻标语。粉笔队，10 余人，专门在各户墙壁上书写标语口号。“贴发队”，将写好的标语、传单、报纸、布告、歌曲到处张贴，或者送到白区散发。木工组，5 人，在木板上写上标语、口号等，钉在街上的显眼处，或者放入河流漂浮至重庆、万县，让白区了解苏区情况。二是县苏维埃的常设宣传队，10 余人为一队，每县设 3 队到 5 队。各县宣传队又统一受省苏维埃宣传队总部领导。区以下设临时宣传队，有条件的乡苏维埃，也有 3 人至 5 人的宣传组。主要组织写标语、刻字、张贴传单，向群众宣传党的政策。除党政机关外，各群众团体组织，也先后成立宣传队，开展各种宣传活动。

宣传内容主要是党的方针政策，红军的性质和任务，各个时期的中心任务等。具体有以下几个方面：宣传《中华苏维埃共和国宪法大纲》《中国共产党十大政纲》《川陕省苏维埃关于土地改革布告》《怎样分配土地》《农村阶级划分》等法规和政策。宣传《妇女斗争纲领》《三八纪念宣传大纲》等妇女解放的文件。宣传红军官兵平等，是穷人的队伍，鼓动群众参加红军。1934 年初，“川陕省宣传大队”举着写有“扩大红军”的红旗，到各县、各乡动员群众参加红军，在将近一年的“扩红”工作中，走完赤北、赤江、红江三县，动员了成千上万群众参加红军。戒烟也是当时的重要内容。红军在各地开展了颇有声势的戒烟宣传工作，利用会议、张贴布告、散发传单等方式号召戒烟和禁种鸦片。

宣传形式上，主要有文字宣传、文艺宣传和口头宣传。红军和川陕省委、省苏维埃及各部门都有自己创办的报纸，总共印刷发行各种书刊 26 种，各机关发行报纸 17 种。省委《川北穷人》（《共产党》）、省苏维埃《苏维埃》，西北革命军事委员会《赤化全川》，西北军区政治部《战场日报》（《红军》），作为各部机关报，担负着党的主要宣传任务。少共川陕省委的《少年先锋》，省总工会的《斧头》，省苏维埃经济委员会的《经济建设》，红军总医院政治部的《血花》等部门报纸，主要负责宣传本部门的工作。这些书刊报纸，从形式到内容都极富特色，版面活跃生动，文章短小精悍，文字简练，观点鲜明，鼓动性强，尤其善用川北方言，适合工农阅读。利用房屋墙壁，用黑墨在显眼处书写党、政、军的政策、法令、标语口号等，这种宣传方式尤为经济方便。赤江县太平场的粉壁上，书写的《中国共产党十大政纲》和中华苏维埃共和国《劳动法令》，共写了 31 块壁头，至今仍在。最富特色的是石刻标语。通江地处川北，山高岩石多，石刻标语遍布城乡各地，特别是人口集聚的渡口、大道、街道等，举目可瞩。苏区的第一幅石刻标语，是刻在壁山坡岩上的“争取苏维埃中国”。最大的石刻标语，是至诚佛尔岩[①]上的“平分土地”。最著名的石刻标语，是刻在沙溪景家院悬崖上的“赤化全川”，平均字高 5.5 米，宽 4.7 米，字迹深 0.35 米，大的笔画宽 0.7 米，字间距为 7.1 米，其中“全”字高 5.85 米，宽 5.2 米，笔划宽 0.9 米，深 0.35 米。字数最多的一幅标语在回林乡土地垭口，正面刻着：“工农劳苦群众，我们不要怕敌人，我们要起来同刘湘拼命……”共 52 字。两侧刻着一联：“升官发财是军阀，死伤流血是士兵。”文艺宣传，多利用赶集当场天，或召集群众大会，以小品、戏曲等演出，宣传共产党的政策和红军的性质。组成小分队，深入到茶馆、酒店、街头、巷尾以至乡村院坝，用通俗易懂的语言向群众做口头宣传，摆“龙门阵”，宣讲党和红军的性质和政策。

统一战线工作。在根据地创建以来，党加强与白区的统战工作，开辟红色交通线，为军事斗争和经济建设创造了有利条件。

开辟红色交通线。1933 年春夏之交，在中央及陕西地下党组织的帮助下，红四方面军总部派参谋部主任徐以新两次赴汉中，通过与杨虎城部所属 38 军谈判，在 1933 年 6 月达成双方互不侵犯的秘密协定，开辟了从根据地到陕西汉中的几条地下交通线。

东线：汉中—城固—西乡—镇巴—鱼渡坝或黎坝。

中线：汉中—麻桑坝—天池寺—凉水井—碑坝。

西线：麻桑坝—八海坪—西河口—碑坝。

为了解决向根据地传递情报和输送人员的问题，四川省委于 1933 年建立了从成都通往通江的地下交通线。交通线途经三台、

①地名，今至诚镇莲花村。

盐亭、南部、阆中、苍溪等五县，经巴中到通江，设有九个联络站，并由三台、阆（中）南（部）、南充三个中心县委及所属沿线基层党组织担负地下交通联系工作。8 月，中华全国总工会宣传部长、海员总工会党团书记廖承志（化名何柳华），与曾任四川省委书记罗世文一道从这条秘密交通线到达根据地。在四川省委的帮助下，先后输送 200 余名党团员和专门人才支援苏区革命。

通过秘密交通线，红四方面军得到了部分急需的医药、无线电备件等物资，为中共地下党员过境及情报的传递起了重要作用，有效地帮助红军粉碎了四川军阀的“围剿”。

加强白区统战工作。根据川陕省委的决定，省委成立了白区工作委员会和白区工作训练班，各县都成立了白色士兵委员会，专门对白军开展宣传。在边界地区建立了边疆委员会、交通站，加强与白区党的联系。《白色官兵拖枪投入红军有十大好处》《对白军士兵的宣传大纲》等指出：“白色士兵兄弟只要来参加革命，要与工人农民一样享受苏维埃的利益的，你们和你们的家属同样可以分得土地，你们参加红军，还可以分得好土地，和享受代耕，并且一样得到苏维埃与群众的优待与拥护，你们如果要回家，苏维埃就给你们盘费，你们要做活，苏维埃就给你们的工作，你们年纪老了的，苏维埃就给你们安置和休息，只要你们参加革命，苏维埃是件件给你们便利的。”红四方面军总政治部为贯彻对俘虏士兵的统一战线，在通江城西的严家坝，猫儿垭的陈家大院子开办了俘虏学校，把他们编成连排班，每期训练一个月，进行政治思想教育，宣传苏区的大好形势，宣读共产党的政策，揭露国民党反动派的腐朽。1933年夏，红军在刘坪场开办了一个俘虏训练营。红四方面军总政治部保卫局一连人率领俘虏兵700余人到钢溪河大山上种苞谷、黄豆，以便把俘虏改造成为新人。在训练中组织他们参加劳动，进行生产自给，促使其改过自新。通过教育改造成为新人后，自愿参加红军的编入红军队伍，不愿参加革命的回家生产。

党建工作的深入和强化，筑牢了川陕革命根据地建设的政治思想基础，培养了大批优秀革命人才。广大党员干部和红军牢固树立了争取国家独立、民族解放的革命理想，坚定了忠诚于党、忠诚于人民的政治信念，成长为一支能克服一切艰难险阻、不断取得胜利的革命队伍。

（三）加强经济建设

为保障人民生产生活，保证战争需要，川陕省委和省苏维埃大力发展苏区经济，提出“尽一切可能，开展必需的经济建设，以增强群众的利益，保证苏维埃和红军的胜利”基本方针，制定一系列恢复和发展经济的政策和措施，完成了“发展农业生产，开发苏区特产与发展手工业，发展合作社运动，对外贸易和自由投资，举办交通和水利事业”的主要任务。

发展农业。地处川陕边区的通江经济主要是自给自足的农业经济。川陕苏区党和政府把“农业生产放在我们发展经济的第一位”①，通过打土豪、分田地，极大释放了农业经济的活力。

①中共达县地委党史工作委员会：《川陕革命根据地斗争史》，华夏出版社1989年版，第282页。

农业由川陕省苏维埃经济委员会建设局、土地委员会水利局、土地培养局领导，县苏维埃设经济委员会、土地委员会，区苏维埃设土地委员、经济委员，乡苏维埃设粮食委员，村苏维埃设土地委员。各级党组织和苏维埃在土地改革的基础上，制订一系列具体的政策和措施指导广大人民群众发展农业生产，主要政策有：1. 发展农业生产是为着战争的胜利。川陕省委宣传部《春耕运动宣传要点》："加紧春耕，充实苏区粮食。加紧春耕，穷人穿吃不愁。加紧春耕，快快消灭刘湘"①。2. 一切收获归耕种者所有。川陕苏维埃在《关于土地改革布告》中指出："土地分配了以后，一切收获归耕种者所有，永远不要缴纳租课给土地旧有的主人或其他任何人"②。3. 不让一寸土地放荒。《目前形势与川陕省苏维埃的任务》要求："在秋收前后必须加紧耕种，多收点粮食（苦荞、花荞），不让苏区有一寸土地放荒"③。4. 大力发展种养殖。《财政经济问题决议草案》号召："多多喂养耕牛、骡马、母猪、肥猪、养蚕、织布、养蜂、栽种棉花、养羊、兔、鸡、鸭等"④。

由于青壮年大多参加了革命战争，劳力缺乏，苏区党组织和政府采取多种措施组织农业生产：一是动员妇女和青少年承担生产重担。"三县两特区"广大妇女响应"鼓动自己的丈夫兄弟参

①西华师范大学历史文化学院、川陕革命根据地博物馆编：《川陕革命根据地历史文献资料集成》，四川大学出版社2012年版，第1373页。

②西华师范大学历史文化学院、川陕革命根据地博物馆编：《川陕革命根据地历史文献资料集成》，四川大学出版社2012年版，第1425页。

③西华师范大学历史文化学院、川陕革命根据地博物馆编：《川陕革命根据地历史文献资料集成》，四川大学出版社2012年版，第135页。

④西华师范大学历史文化学院、川陕革命根据地博物馆编：《川陕革命根据地历史文献资料集成》，四川大学出版社2012年版，第334页。

加红军！……学会种田、挖地、点粮食，多喂猪鸡吃油盐”号召，主动参加农业生产，耕田耕地。1933年和1934年的两个春耕季节，恰逢反“围剿”作战“收紧阵地”之时，“三县两特区”妇女在春耕大忙中承担了主力军作用。青少年响应“每个小娃娃种五窝洋芋，点五窝瓜菜”的号召，积极组织代耕队参加农业生产运动，时时掀起生产竞赛热潮。二是组织代耕队。代耕队以团员为骨干，贫雇农为成员。大忙季节，代耕队员必须先完成代耕任务，再回家种自己的田地。代耕队除代耕红属田地、红军公田外，还要代鳏寡孤独和丧失劳动者耕种，耕具自备，包干负责而无报酬。三是开展换工互助。根据地乡村苏维埃根据群众生产习惯，将劳力每十几户编成一组，由村代表负责领导集体出工，调配劳力，先做公田，后做私田，实行劳力互助。四是组织军政干部参加劳动。省苏维埃在《加紧生产运动的决议》中指出：“要举行生产运动周，各机关都要订出计划，参加生产运动。”① 1933年秋和1934年，驻得汉城的红军彭杨军事学校130多名指战员经常利用星期天下山给群众种蚕豆、插秧、收割水稻、小麦。五是其他各行各业资助农业生产。川陕省财政金融部门在1933年初对工农实行低息和无息借贷，帮助合作社的发展，各县区兴办犁铧厂和铁木农具加工厂，制作农具支持农业生产，省苏维埃放出不收利的粮食种子15万斤支持春耕，赤江、赤北、红江等县苏维埃先后成立农具、种子、耕牛等20多个生产合作社，供给农业生产物资和收购农产品。

①西华师范大学历史文化学院、川陕革命根据地博物馆编：《川陕革命根据地历史文献资料集成》，四川大学出版社2012年版，第410页。

1933年至1934年，“三县两特区”风调雨顺，根据地苏维埃组织得力，政策合理，通江县域农业收成良好，粮食亩产比红军入川前普遍增加了一倍左右，亩产达到了300多斤。粮食获得丰收后，农民自愿捐献粮食支援红军。赤江县九层乡袁家庙王正江、王刚廷等156户农民在赤卫军连长何金方带领下，捐献稻谷151担；松溪乡胡家山117户农民在村苏维埃主席祝玉声、乡苏维埃妇女委员王多连带领下，捐谷108担①。粮食增多，不但支援了革命战争，而且改善了人民生活。毛泽东于1934年1月在第二次全国苏维埃大会上说道“川陕边区的农业收成良好”，对川陕苏区的农业生产给予了充分肯定。

发展军需民用工业。红军入川前通江工业十分落后，仅有几家由资本家开办的小型兵工厂和钢铁厂，少部分手工业作坊和家庭生产作坊。根据地建立后，四川军阀的“围剿”和红军的反“围剿”激烈而残酷，为粉碎敌人的军事“围剿”和经济封锁，在川陕省苏维埃财政经济委员会建设局和红四方面军总经理部领导下，根据地党和苏维埃制定了一系列保证工业发展的政策和措施，动员各方面力量推动根据地工业生产的恢复和发展。

川陕省第四次党员代表大会《财政经济问题决议草案》指出：“解决物质的困难，冲破敌人经济封锁，在长期的残酷的战争中，绝对保证工农红军的给养与供给，改善工农的生活，这是战胜敌人的必要条件。”《红五月工作决议》号召：“各处开各种手工业工厂，特别要发展对红军需要和工农群众日常需要的物品

①中共通江县委党史工作委员会编修：《通江苏维埃志》，四川省社会科学院出版社1988年版，第263页。

的生产。”开办工厂的物资及资金，一是没收国民党政府、官僚资本家、军阀或反革命的企业；二是鼓励群众自立筹集的同时，苏区政府给予无息借贷等帮助，要求厉行节约，极力节省原料、利用废物，严厉打击浪费行为。

工厂主要有国有工厂、生产合作社、私人工业和手工业生产等形式。国有工厂有兵工厂、被服厂、纺织厂、钢铁厂、犁铧厂、煤矿厂、工农纸厂、斗笠厂、盐厂、烟子厂（墨厂）等十多个行业。国有工厂的工人部分来源于随军带来的工人，大部分在根据地招录，管理上实行级别工资、计件工资、定额工资、技术津贴等各种形式的劳动报酬制度和严格的奖励制度，大多体现按劳取酬、多劳多得原则，并从就业、食宿、婚姻、文化技术学习等各方面关心工人，提高工人的劳动积极性。生产合作社由群众出钱入股筹办，股东选举经营管理者，按期算账分红，苏维埃从信贷上给予支持。至1934年粉碎“六路围攻”结束，根据地成立了织布、织袜、缝纫、做鞋、造纸、炼铁、铸铁锅、铸铁罐、造农具、打脚码子、打梭镖等20多个种类的合作社，生产了许多军需民用产品，对巩固和发展根据地发挥了重要作用。在发展国营工业和生产合作社的同时，苏维埃还注重“发展小手工业、工厂手工业和制造商品场”“鼓励开办各种工厂与企业，欢迎自由投资，苏区、白区各种资本可以自由经营”。在党和苏维埃的鼓励帮助下，分散在城镇和农村的手工业者开始自主进行生产和经营，苏区的私营工业和手工业逐渐恢复和发展，有力发展了苏区经济，弥补了国营经济的一些不足。涪阳坝有三条街开办做鞋的作坊，红军一次可以购买几百双，苦草坝民办纸厂所产的草纸运销汉中等地。

1933 年 1 月，红四方面军把由鄂豫皖根据地迁过来的兵工厂设在通江县城附近的苟家湾，主要生产子弹、手榴弹、迫击炮弹及维修枪炮，楚奉雨任厂长，吴显洪负责政治思想工作。10 月红军解放绥定后，将缴获的刘存厚兵工厂全套机器设备及原材料搬到苟家湾，兵工厂规模得到迅速扩大，设有子弹厂、炮弹厂、枪炮厂等，另设木工队、石工队、运输队。1934 年 3 月，兵工厂搬迁至苦草坝特区的锣坪，规模进一步扩大，厂房占地近 3 亩，各种机床 138 台，职工达到 1500 余人，生产能力进一步提高，每天可生产子弹 1 万余发，炮弹 800 发，在川陕苏区时期共翻造子弹、制造手榴弹 100 余万发，修好机枪 200 余挺、迫击炮 200 余门，有力支援了前线作战。

除兵工厂外，"三县两特区"各地还开办了数百个工厂，生产了大量军需民用产品。

表 1　"三县两特区"部分工厂一览表①

名称	所在地	恢复或建立时间	规模	产能	厂长（负责人）
红四方面军兵工厂	初设苟家湾，后迁苦草坝锣坪	1933 年 1 月	鼎盛时期各种机床 138 台，职工达到 1500 多人	共翻造子弹、制造手榴弹 100 多万发，修好机枪 200 余挺，迫击炮 200 余门	楚奉雨

①中共通江县委党史工作委员会编修：《通江苏维埃志》，四川省社会科学院出版社 1988 年版，第 266—284 页，通江县委党史研究室整理。

续表

名称	所在地	恢复或建立时间	规模	产能	厂长（负责人）
毛浴镇铜铁加工厂	赤江县毛浴镇娘娘庙	1933年6月新建	工人80余名	年产手榴弹壳1万余枚、马刀6000把，长矛1.2万多把，号嘴3000多个	陈明寿
脚码子厂	赤北县钢溪河一带	1933年新建	炉子15盘	月产脚码子5000多双，在两年中共生产数万双脚码子	总经理部
苦草坝铁工厂	苦草坝		25盘炉子，工人80余名	每天生产窝锹10把，羊角锄15把	李家会
苦草坝总经理部被服厂	始建于通江城东南岭上，后迁至蹇家山、苦草坝、得汉城山、瓦室铺，通江城等地	1932年底新建	工人360余名	日产军装650余套	林月琴
竹子坎被服厂	赤北县长坪区	1933年春新建	女工100余名		王立信
王坪被服厂	沙溪嘴	1934年春新建	工人350余名		
红四军供给处被服厂	洪口街上		工人80余名	日产衣服100余套	
涪阳坝被服厂	涪阳坝	1932年12月底新建	初时5人，后发展至360多人		周股长

续表

名称	所在地	恢复或建立时间	规模	产能	厂长（负责人）
赤江县被服厂	麻石场向氏宅	1933年春新建	初有38人，后发展至170余人		赵有义
壁溪织布厂	壁溪场	1933年10月新建	工人60多名，织布机30余架		总经理部
泥溪织布厂	泥溪场	1933年春新建	工人20多名，织布机8台	两年共织布2900多匹	钱发志
绑腿厂	流二沟王家河		女工100余名	共上交绑腿7000多条	苟大清
苦草坝纺织厂	苦草坝街上	1933年2月新建	职工90多名，大机床47部	日产布40余匹	总经理部
总经理部皮件场	新场坝余氏宅	1933年2月新建	工人70余名		许金铂
斗笠厂	沙溪嘴、苦草坝、壁溪场、涪阳坝、陈家坝等地均有	1933年春建	150余人	日产斗笠100余个	
钢溪河铁厂（共8处）	梧桐坝、南垭土地、罗村、钱家河、抗家坝、坟坪里、鲁家河、肖家河等地	1933年春新建或恢复	共15盘炉子	两年产生铁200多万斤	夏世维 周吉富 李海亭 陈副局长 李卓如等

续表

名称	所在地	恢复或建立时间	规模	产能	厂长（负责人）
长坪锅厂	泥溪场、黄梁嘴、长坪、新店子等地	1933年春恢复或新建		两年共铸锅2万余口	
焦煤厂	钢溪河南垭土地	1934年春		月产焦煤8000至1万斤	冉瑞卿
铧厂	“三县两特区”各地				
盐井	通江城郊、沙溪场等地	1933年初	共60余口井		
纸厂	红江县陈家坝、芭蕉坪、两重塬等地	1933年8月建		日产一担二，共产纸648担，每担2400张。	周学绪
肖家河碗厂	朱垭庙	1933年3月初恢复		年产土碗1000多筒	
糖厂	何家坝	1933年春恢复	29名技术工人	两年共产红糖6万余斤	
苦草坝酒厂	苦草坝街上		工人20多名		
苦草坝粉厂	李家梁		磨子5副	日产粉条100余斤	李成先

发展交通、邮电事业。通江境内山峦起伏，沟壑纵横，道路崎岖的自然条件导致交通不便，邮电通讯落后。为支援军事行动，发展经济和便利群众，根据地党和苏维埃十分重视发展交通和邮电事业。省苏维埃设交通委员会、土地委员会水利局，交通委员会下设交通农具处、运输处，各县苏维埃设交通局，省、县交通领导机构负责制定修桥筑路、疏浚河道的具体规划，动员群众参与交通邮电建设。省苏维埃在《苏维埃区域农民问题决议

案》中决定“建筑道路，造拱修桥”，1933年12月召开的川陕省巴中道苏维埃主席联席会议指出：“各级苏维埃要马上把邮局建设好，……各县各区各乡要把联络建好，在各交通要道设立交通网。”并指出：“加强交通邮电建设就是消灭刘湘、保卫川陕赤区的重要工作之一，它直接关系到革命事业的成败。”

“三县两特区”组织专业队，修建桥梁，设置渡口。1933年，首先整修了从通江县城经鹦哥嘴、杨柏河、杀牛坪至巴中近100里干道山路，又整修了从通江城经木溪浩①、过街楼②、长滩河③至达县的130余里的干道山路。1933年至1934年间，重点修建了一条从沙溪到苦草坝，南折碧溪到烟溪，翻山西至涪阳坝长140里的横山便道。三条大道沟通了“三县两特区”与巴中、南江、平昌、达县等地的物资交流，1935年春成为红军部队及苏区党政机关西进的主要线路。1933年1月，省苏维埃水利局领导工农群众凿滩疏河，发动数万民工，历时三个月，疏通了巴中至江口④，江口至通江小江口到苦草坝，小江口至涪阳坝长300余里的河道，修建了毛浴浮桥、长滩河浮桥、苦草坝浮桥和苦草坝对面的石板桥。1933年12月，红军在啸口梁、毛浴两地分别组织船队，共有大小木船62只，负责从江口、铁佛、涪阳运粮到通江县城，一年多时间里，共转运各种物资上千万斤，仅从江口运达通江城的稻谷就达200多万斤。

各县、区、乡建有交通站、队，设交通员若干人，负责本地

①地名，今春在镇街道所在地。
②今麻石镇马三垭村境内。
③河名，今铁佛镇跑马村境内。
④地名，今平昌县。

区的交通联络、传送、运输等任务。通江到巴中的180华里途中设有鹦哥嘴、杨柏河、沙泥坪等7个招待处。1933年10月绥定解放后，从通江到绥定340里途中，设有木溪浩、竹子坎、过街楼等20多个招待处，各招待处均有足够的房屋和一定数量的床铺，负责接待持有各级苏维埃证明文件或介绍信的工作人员、运输队员和担架队员等。至1933年2月，以通江县城为中心的交通站已普遍建立，有涪阳坝北总站、马家坪西总站、老官庙南总站、陈家坝分站、大河口[①]分站、毛浴镇站、苦草坝分站、洪口分站等，非军用的骡马，都由苏维埃集中起来供交通站调拨使用。各县、区、乡苏维埃组织运输队，按军事组织管理编为连、排、班或大、中、小队，10人为小队，30人为中队、120人为大队。人员由乡、村苏维埃统一派出，运输队每运一次，政府均给报酬，运输队员可凭证明在沿途招待所免费食宿。1933年10月，红军缴获刘存厚的兵工厂、造币厂等数万吨物资，根据地动员民工1万余人参加运输，军民配合，水陆兼程，历经一个多月将战利品全部搬到通江苦草坝特区。

川陕省设电信局、赤色邮政局，各县陆续设立邮政局，各区设邮政分局，县区邮政局（分局）主要负责收发、传递报刊和信件。通信纪律十分严格：1. 送信要忠诚老实；2. 送信要送到，送不到要严惩；3. 送信要收条，没有收条要严惩；4. 重要信件、急信，是指定专人送；5. 严守通信机密，不准对外谈论送信情况。川陕苏区时期邮政系统已十分完整，仅赤江县邮政局就有通往各区、乡的十多条邮路，为红军和群众提供了非常便捷的服

①地名，今南江县大河乡。

务。除地方邮政建设外，红四方面军总部还设立了电务处和电话队。

发展商贸业。川陕革命根据地建立之初，在对待私营工商业的问题上曾执行了“左”倾政策，对一般中小资本家实行征发和没收财产的情况普遍存在，导致苏区经济不繁荣，市场萧条。随着根据地土地革命、经济建设的深入开展，苏区经济有了较大增长，农民购买力大幅提升。但粉碎“三路围攻”后，由于国民党军阀实行经济封锁，根据地丰富的物产不能外运销售，急需的军需民用物资也不能及时输入，川陕省委和苏维埃及时调整了商业工作的主要任务：制定根据地商业政策，建立经济公社发展国营商业，疏通城乡物资交流渠道，恢复私营商业，活跃农村经济，以克服敌人经济封锁带来的种种困难，为红军的壮大和根据地的巩固提供必要的经济条件。

红四方面军总政治部颁布的《告商人书》：“商人们，在苏维埃政权下面，无论大小商人，只要服从苏维埃法令，缴纳统一的累进税，都可自由营业。”省苏维埃也颁布布告：“苏维埃政府对于遵守苏维埃法令的中小商人，均准其商业上的自由，并予以苏维埃法律的保证。”同时又规定“服从苏维埃一切法令，不参加任何反革命活动的商人老板，可在苏区自由营业，按法只征统一累进税，不得没收”。由于实行了轻税和扶持私人贸易，根据地建立不久，小商小贩活跃起来，市场贸易逐渐恢复。

川陕苏区的商业按所有制区分，有公营、合作、私营等形式。一是公营商业。有省、县财经委员会办的，也有红四方面军总供给部办的。前者有苏维埃代表广大人民经营管理的全民所有制企业——经济公社。“三县两特区”所设的经济公社很多，其中，主要有赤北县苦草坝经济公社、红江县涪阳坝经济公社、赤江县刘坪经济公社、新场坝经济公社、陈家坝经济公社。属于财委会和经济公社领导的国营药店，主要有新场坝国营药店，通江县城工农饭店。此外，还有交通运输的招待处、粮站、饲养场、经理部等。二是合作商业。“三县两特区”各种合作社发展很快，至1933年10月11日，“赤江全县建立石灰厂一个，织布厂一个，铧厂、造纸厂每区建立有十几个，是私人经营的。还建有榨油厂2个，经济公社10余个，药铺6个，烟子窑1个，工农凑钱合股办合作社到前方去买盐。同时，各种粮食合作社都在进展。”“因为苏区群众的需要与热烈拥护，因为苏维埃的努力，赤江城里，申熙旅栈，粮食合作社、丝棉合作社、工人合作社、农民合作社等已于今天（1933年10月11日）全部成立，从此苏区合作社猛烈发展”①。合作社又分为消费合作社和生产合作社两类。消费合作社中以沙溪区贫民合作社、过街楼乡贫民合作社、高峰台贫民合作社声誉最著名。1933年夏到1934年冬，“三县两特区”生产合作社的种类就有20多种。赤江县广纳乡生产合作社，多匠云集，门类齐全，完成县、区任务最出色。三是私营商业。一种形式是农民将自己的农副土特产品、加工产品投入市场交易，私人交售猪牛羊和手工业产品逐渐增多；另一种形式是城镇居民开张营业；再就是从白区来的个体商贩进入集市。

川陕苏区还注重发展对外贸易，主要是利用秘密交通线买卖运输商品。1933年6月，红色交通线开辟之后，总经理部在红江

①《苏维埃》第9期，1933年10月11日。

县碑坝建立转运站，设置财政专管机构，部长郑义斋经常到此检查工作。通过商业人员带上仿制的袁大头银圆、孙头银圆和川陕版银圆及大量的白木耳、桐油、生漆、白蜡、猪鬃、牛羊皮、茶叶进入陕南的汉中，以至远到西安、成都、重庆、武汉换购商品；又将白区购回的食盐、布匹、棉花、西药、电池以及枪支弹药运到碑坝，然后再分配到苏区各地。钢溪河铁厂投产后，将大批钢材源源不断运到汉中。1933 年秋到 1934 年夏，赤北县经济公社组织民工将钢铁运到钟家沟、峡口或汉中，每次均有 20 至 30 人，一次背运在 4000 斤以上，又从汉中源源不断地购回红军部队急需物品。“三县两特区”苏维埃的经济公社和红军部队，曾不断派员到赤白交界区购买货物，如到巴中、仪陇、南部、阆中、绥定等地，特别是到仪陇、南部乡场购买次数最多。通江城南街商人陈万福，读过书，为人正派，子女参加了红军，本人是赤江县工商协会委员，在商界颇有名声，县经济公社派他到白区城镇买卖货物，他和另外几名商人多次购回盐巴、电池、染料、香烟。党和苏维埃还规定欢迎和优待白区来的小贩，鼓励他们到赤区经营。由此，促进了苏区市场的繁荣和发展。

加强财政管理。按照尽量解除贫农的租税，把主要的经济负担放在剥削阶级身上的政策，财政收入主要是没收和征发、税收、发展国民经济三大部分。在当时的战争环境下，没收和征发是主要来源，主要是没收豪绅、地主、剥削者以及一切反革命分子的财产，税收在苏维埃经济收入中占 15%。1933 年 1 月，红江县委书记张琴秋带领群众打土豪，在豪绅家搜出大量金银财宝，仅银锭就有 3 万多块，全部上缴财政。同时，一切战争中的缴获全部收归财政。比如在宣达战役中缴获军阀刘存厚100万银圆、20万匹布和棉衣等，一律纳入财政收入。税收种类有特种税、营业税、入口税、出口税等，按照货物价值收税，实行统一累进税，对生活必需品不征税。其税率标准有具体规定，小商贩负担小，如1933年3月6日一张“累进税执据”记载，一头38斤的猪，市场卖2元，只收税6分，税率为3%。国民经济收入也占有重要位置。财政管理上坚持“经济物资集中统一分配”制度，金银、物资一律交财委会管理。财政支出主要用于军费开支，政府经费，以及经济建设和文卫事业三个方面，提倡厉行节约勤俭办一切事业，反对贪污浪费。

大力发展工农业生产，极大地刺激了根据地人民的生产积极性，有力促进了根据地经济发展，改善了人民生活物质条件，打破了国民党的经济封锁，为根据地的巩固和扩大奠定了经济基础。

（四）加强社会建设

发展教育文化事业。根据地建立后，苏维埃各级政府坚持为人民服务的宗旨，发展全民教育，兴办医疗卫生机构，让广大人民群众享受平等教育权利和健康权利，改造旧社会建立新风尚，推动社会事业快速发展。

苏维埃贯彻落实《中华苏维埃宪法大纲》“保证工农劳苦群众有受教育的权利”，施行完全免费的普及教育，号召广大工农群众学文化、学科学。“三县两特区”苏维埃设立文化教育委员会，区、乡苏维埃设立文化教育委员，负责各地社会文化教育事业工作。重点发展社会教育，通过开办苏维埃学校、训练班、读报会、识字班等方式，让广大群众了解把握党的宗旨、政策。规定青年男女都有入学权利和机会，一切费用由苏维埃负担。

苏区学校教育大体分为两大类，一种是免费的普及义务教育，各区、乡创办了数量众多的列宁中学（相当于高小）、列宁小学、工农小学或工农教育所。1933年初所开办毛浴列宁小学，是川陕苏区的第一所列宁小学。川陕省文化教育委员会还在通江、巴中县城开办列宁中学。列宁学校使用《初级小学识字课本》《少先队课本》《革命三字经》等新式教材，设置国语、算术、音乐、劳动、文艺等新课程。另一类是干部培训学校，如川陕省委党校、各级苏维埃学校、彭杨军政学校、红色卫生学校、川陕省妇女学校等，为革命战争培训党政及军事干部。业余教育方面，举办各类识字班，对红军战士及一般工农民众进行文化、政治等方面的教育；各机关、团体、厂矿、医院兴办业余学校，主要任务是识字、写字、唱歌。如：通江县城钟鼓楼设有阅报室，城内还设立了若干群众读报组、识字组。

在各县、区、乡、村，部队各连队，均设有俱乐部，开展丰富多彩的戏剧、歌吟活动，活跃群众文化。为推进城市群众文化发展，西北革命军事委员会将县城诺江公园改名为“列宁公园”，省委驻地旁修建红场，用于群众集会和大型体育活动。活跃在通江的剧团有“兰衫剧团”“省苏工农剧团”“省委新剧团”等，上演新歌剧、新话剧，“总医院新剧团”经常到各分医院为伤员巡回慰问演出。

发展卫生事业。川陕省党政军高度重视医疗卫生工作。1933

年8月，召开了第一次医务工作会议，明确了“为战争服务，为苏区建设服务”的总任务。编辑发行了《一般的卫生常识》《卫生常识》《简略卫生常识》，广泛宣传普及群众卫生知识，对增强健康的方法，一般疾病的防治，战场医护要领等做了深入的宣传普及。开办红四方面军总医院，为部队伤病员服务，创办川陕省工农总医院，为人民群众提供就医服务。根据地医疗水平不断提高，有力保障了军民健康。

创办红四方面军总医院，负责军队系统伤员医护和病员医治。1932年12月下旬，红四方面军到达泥溪场后，将总指挥部野战医院和10师医院合并组建红四方面军总医院，根据战争需要总医院几经辗转，于1934年春搬迁至沙溪王坪村。总医院下设政治部、医务部、总务处，并根据战争需要分设七个分医院，各军师均设立医院。总医院在缺技术、缺药品、缺器械的艰苦条件下，发扬艰苦奋斗、自力更生的精神，以中医为主、西医为辅，承担了平时3000人、战时5000伤病员的医护工作，为革命保存了大批力量，为保障红军生命安全做出了重大贡献。总医院还在防治流行病方面做出了卓有成效的工作。1934年春，川陕边一带流行伤寒、痢疾和疟疾等疾病。秋季，痢疾大范围蔓延两月之久，流行病严重威胁着人民群众的生命安全。总医院在治疗伤员的同时，派出医务人员为群众治病，免费发送治疗药物。同时，总医院还组织卫生队给儿童种牛痘，向群众宣传卫生知识，积极帮助群众预防疾病①。

开办工农医院，为保障干部职工和广大群众的医疗服务，

①柳建辉主编：《川陕忠魂》，中共党史出版社2012年版，第53页。

1933年8月，川陕省苏维埃内务委员会在毛浴镇建立川陕省工农总医院，为中医医院。下设政治部、医务处、总务处、病号连等。1934年2月，工农总医院奉命迁驻赤江县啸口梁麻坝里，下设六个分医院。各县也开设工农分医院，在各区、乡的经济公社开设工农药房或药铺。至此，整个苏区建成了较为完整的医疗卫生网络，为群众即时治病提供方便。

开展戒烟运动。红军入川前，通江烟毒危害严重，70%的田地都种植鸦片，成年男子吸烟者达90%，成年妇女吸烟者约占70%，小孩也有不少染上烟毒。当时不到1000户的通江县城，就有烟馆百余家；不到200户人家的瓦室街道，有烟馆20余家。川陕革命根据地建立后，在通江县城钟鼓楼街下段设立戒烟总局，开展了大规模戒烟运动。通过戒烟宣传、强力禁止种植、严厉打击贩运、关闭和没收烟馆、设立戒烟所、研发戒烟药物进行医治等多种措施全面戒烟。经过一年多的时间，根据地基本禁止种植鸦片，戒掉鸦片烟者就有3000余众，戒烟工作取得了巨大成效，保障了人民的健康，提高了红军战斗力。

川陕省第一次工农兵代表大会专门研究了戒烟问题，随即开展了大规模的戒烟宣传，使广大人民群众认识戒烟的意义和目的。宣传方式：一是由各级苏维埃颁发戒烟政策，以行政手段加强戒烟工作；二是大量錾刻宣传戒烟的石刻标语，让广大群众认识到“穷人吸上鸦片烟，面黄肌瘦，消磨斗争意志，哪能去打匪首刘湘”的道理，揭露“川棒老二、发财人种鸦片、吸鸦片，为的是他们来整款子”的罪恶目的；三是编写戒烟歌，在广大群众中教唱。

川陕省苏维埃政府以布告的形式规定，在赤区范围内，“一律禁止种鸦片烟，吸烟得分期禁戒。唯年老气衰不能禁戒者，得于县区苏维埃许可之下种少数鸦片，但每乡不得超过10背谷子的田，经过一定时期后则完全禁种”。这个规定，从根本上减少了鸦片烟源，为彻底戒烟打下了坚实的基础。连国民党统治区的报纸也不得不承认：“在通南巴赤区内，鸦片烟种植是绝对禁止了的，我们去的地方，简直看不到一根烟苗。”①

川陕省苏维埃还从税收政策上对经营鸦片烟加以限制。《川陕省苏维埃税务条例草案》把鸦片烟纳入特种税，税率标准很高。规定：“开设烟馆者，每月照三等征收：头等2元、2等1元、3等5角。专门以贩卖鸦片为业，按每两抽5%。”

戒烟运动开始之后，各级苏维埃采取行政手段，关闭和没收了苏区的烟馆和烟灯。除了由川陕省戒烟总局为戒烟而特设的“工农烟馆”之外，其余的各家烟馆和烟灯全部予以关闭和没收。同时，无条件地没收土豪劣绅的鸦片烟和收购工农群众自己种植的鸦片烟，没收和收购的烟大部分被焚毁，仅在通江就销毁鸦片7000多斤。

川陕省戒烟总局特地聘请名中医研制戒烟药，帮助群众戒烟。戒烟药主要是用红花、介子、茯苓等中药加上少量鸦片，制成戒烟药丸。戒烟药丸由省、县戒烟局直接下发和经销。戒烟药丸在街上公开出卖，其价格较便宜，每百钱四颗，两串的布币可买300颗。戒烟丸的效果很好，一般烟瘾的人服用一段时间可戒

①四川省政协文史资料委员会编：《四川文史资料选辑》第21辑，四川人民出版社1980年版，第117页。

掉烟瘾，被人们称为“神丸子”。

设立休养所。休养所又称戒烟所，主要是将烟瘾较大的人与外界隔离，进行强制性戒烟。凡到休养所戒烟的人，均由各级苏维埃开介绍信，自带碗筷、被盖等日常生活用品，伙食由休养所供给。休养所驻通江南门对岸壁山大庙。戒烟所建立后，前来戒烟者十分踊跃，平常有100多人在此戒烟。1933年2月6日的第9期《川北穷人》报道：“连日来戒烟的将及百余人，两星期内已有50人完全戒掉，吸食了四年者即需一月，毫无痛苦。”

戒烟总局还开办了一个工农烟馆。这是党和苏维埃根据具体情况，因时制宜、因事制宜而采取的一项临时措施，主要是解决吸烟时间长，烟瘾特别大而一时难以戒掉的工农群众的具体问题。当戒烟工作进一步深入时，工农烟馆亦随之撤销。

社会事业全面发展，使根据地人民的文化素养、健康水平有了巨大的提升，开创了科学、文明、积极、健康的社会风尚，建设了与封建社会和国民党统治下截然不同的新农村，为根据地的巩固扩大奠定了精神基础。

第二节　地方党组织和根据地人民的贡献

川陕革命根据地是土地革命战争时期党领导的重要根据地之一，沉重打击了四川军阀和国民党军队，将土地革命的烈火从祖国东南引向了西南，与中央革命根据地遥相呼应，直接策应湘鄂川黔、鄂豫陕及陕甘根据地的斗争。毛泽东指出："川陕苏区是中华苏维埃共和国的第二个大区域，是扬子江南北两岸和中国南北两部间苏维埃革命发展的桥梁，在川陕苏区争取苏维埃新中国伟大战斗中具有非常重大的作用和意义。"在中共川陕省委领导下，各级党组织发动和带领党、团员和广大人民群众参军参战，支援前线，积极生产，保障后勤，在创建和保卫川陕苏区的伟大斗争中，做出了巨大的牺牲和贡献。徐向前总指挥说："红军能从入川时1万多人发展到后来的8万之多，能够粉碎敌人强大军事'围剿'没有广大群众的支持是不可能的。根据地是广大群众创造的，他们创造了斗争历史，创造了可歌可泣的英雄业绩，这是永远值得纪念的。""人民战争永远是我们克敌制胜的法宝。"

一、壮大红军队伍

红军入川后，巴中中心县委在通江发展的党、团员绝大多数带头参加了红军，在建立、保卫根据地中发挥了先锋模范作用。中共川陕省委成立后，吕子谦调省委宣传部工作（宣达战役后任中共堡子区书记），戚应元任省委副秘书长，吴尚德任少共省委委员、省团委青工部长。银耳场党员刘来福任赤江县工会主席。伐木厂党员汤士富任巴中县（清江）苏维埃主席。城南联络站党员朱仕贤被选举为巴中县苏维埃副主席兼军事指挥长。钢溪河党、团员多人加入赤北县政府机关。巴中中心县委发展的积极分子中，原国民党县保安大队的司号员高仁贵带领13人参加红军。红军建立的苏维埃政权中，乡村政权的负责人，基本都是中心县委在通江发展的党团员和“吃大户”的积极分子[①]。

为扩大红军，中心县委要求每个党员发展5名党员，动员5人参加红军。麻石农协会向重泽带领919人参加红军，瓦室杨德玉带领440人参加红军，毛浴镇饶得才带领368人参加红军。麻石区苏维埃主席马德贵（中心县委发展的共产党员）带领全家5人参加红军。在红军入川的一个多月内，通江参加红军的群众即达万人以上，各部队员额充实，不少连队扩充到二三百人。在党、团员带动下，广大贫苦农民踊跃参军，有父母送子女的，妻子送丈夫的，有夫妻一道参军的，更有全家参加红军的。麻石土门陈彬与其父兄同时参加红军。杨柏余家河50多人星夜赶赴得胜参加红军。赤江县诺水村赵罗氏送四个儿孙参加红军。刘坪杨艾坪动员丈夫参加红军后，自己也报名参军。新场坝邓秀英，1933年加入童子团，1935年3月红军撤离时，邓秀英动员一家八口随红军长征，走上漫漫长征路。民胜李开英全家三人参加红军，全部光荣牺牲。

在川陕苏区的两年多时间里，“三县两特区”先后有4.8万余人参加红军，加上随军撤离西征北上的地方党政机关和地方武装，总计达5万余人。

二、保障后勤军需

川陕苏区时期，广大人民全力支前。青壮年上前线作战，广

①中共巴中市巴州区委办公室、党史研究室：《地下星火燎巴山——中共巴中中心县委的光辉历程》，川新内〔2009〕24号，2009年5月，第28页。

大妇女和儿童在后方大力发展农业生产。1933 年，“三县两特区”储存粮食 145180 担，充足的粮食储备基本保障了战争供给，有力支援了革命战争。同时，民众日夜不停赶做军装、打草鞋，各军工民用工厂开足马力生产各种军需物资，广大农民积极捐资捐物支援前线，有一首歌谣传唱道：“最后一碗米送去做军粮，最后一尺布送去做军装，最后一件老棉袄盖在担架上，最后一个亲骨肉送去上战场。”

物资搬运基本依靠人力，部队打到哪里就运到哪里，从后方向前线运送柴、米，从前线运回伤兵。1933 年 5 月，为取得反“三路围攻”的胜利，“三县两特区”组织许多运输队、担架队、制鞋队、缝衣队、慰问队等支前组织，仅参加运粮和抢运伤员的群众就达 5000 余人。1933 年 8 月，仪南战役结束后，各级苏维埃、经济公社、贫民合作社都分别组成人数不等的运输队，前往南部一带背盐，仅几个月时间，上路运盐的民众达 3 万余人。10 月，宣达战役结束后，红四方面军总部决定将缴获的刘存厚原兵工厂、造币厂全套设备及原材料搬到通江。兵工厂机器共 138 台，其中大园车、碾片机、压力机等主件十分笨重，都在千斤左右。铜砖 800 余块，每块百斤左右。进口钢材 1 万斤，硫酸和土硝 2 万斤，杂铜 2 万斤，焦炭 2 万斤，子弹数十万发，枪 8000 余枝及大量布匹、棉纱等，总计上百万斤。赤江、赤北、红江三县组织了 1 万余人的运输大军参加搬运。长滩河招待处支起 12 口毛边锅煮饭，连续几个月白天晚上未熄火，一天要煮 3000 斤大米，在招待处吃饭、休息的运输队，担架队、流动慰劳队络绎不绝。

三、配合保卫苏区

地方武装积极配合红军，打击敌小股部队，捕捉散兵，甚至直接参加战斗，有力地支援了根据地斗争。毛浴党政工作会议期间，赤江县毛浴区苏维埃组织所辖乡苏维埃、村苏维埃的贫苦农民300余人，在周围十里内站岗放哨，保证会议的安全。赤江县所辖13个区苏维埃都分别组织慰问小组，送贺信，送米面及肉食。1933年5月中旬，赤江县独立营百余人和部分女游击队员，配合红12师一个连，在通江鸡子顶顽强抗击曾宪栋师一个团的进攻，挫败了敌人，守住了阵地。后来该营在追歼战中，又歼敌连以下官兵数十人。同时，各级苏维埃及地方武装配合红军，分化、消灭土匪和地主武装，以确保后方社会治安①。特别是在打击地主反动武装，剿除各地土匪、消灭封建迷信武装及溃军的武装斗争中，发挥了巩固后方、保卫革命的重要作用。

第三节 红军撤离后的艰苦斗争

1934年10月，中央红军开始了伟大的长征。同年12月，按照中央指示，红四方面军主力向嘉陵江以西进攻策应中央红军。

①中共达县地委党史工作委员会：《川陕革命根据地斗争史》，华夏出版社1989年版，第76页。

川陕苏区绝大部分共产党员、苏维埃干部随军西进。隐藏下来的共产党员、苏维埃干部、红军伤病员和广大革命群众与敌人进行了长期艰苦的斗争。

一、革命群众惨遭国民党迫害

1934 年 12 月 19 日，中央军委发出《关于执行中央政治局十二月十八日决议的决议》，要求红四方面军继续向西北前进，钳制四川国民党部队；1935 年 1 月 22 日，中央军委下达“宜迅速集结部队，完成进攻准备，于最近时期实行向嘉陵江以西进攻”的电令。为配合中央红军长征，西北革命军事委员会在涪阳坝召开会议，贯彻中央军委指示，讨论并确定了向西转移的路线、时间及部队与地方机关的行动方案。

1934 年 12 月中旬，红四方面军主力开始向西转移，后方机关也开始向南江、旺苍转移。随后，总医院及各分医院开始转移，罗坪兵工厂、被服厂、造币厂等各后勤工厂等开始西迁。1935 年 2 月 4 日，省总保卫局等机关撤离通江县城，随红军向西转移。2 月 5 日，川陕省党、政、军机关及工厂、企事业单位全部撤出县城，除少数由通江县城西行经鹦哥嘴到巴中县城外，大多沿诺水河、涪阳坝，经陈家坝，翻乌龙垭到南江地域。2 月中旬，由赤江、赤北、红江各县游击队整编而成的东路游击队第 3 团掩护红军主力及苏维埃机关西进。3 月下旬，通江境内的兵工厂、造币厂及各军需厂迁移完毕，红四方面军总医院及分院亦迁移完毕。红军撤离时，“三县两特区”人民依依不舍，大部分青壮年随军西进，家家户户拿出粮食、衣物、盐巴等物资赠送红军，期盼他们早日归来。

为掩护红军主力部队撤退，东路游击队第3团在红江县军区指挥部和苏维埃干部配合下，与敌尾追部队两个旅激战于红岩子。3团2营由营长何海洋率领两个连偷袭敌人，俘敌营长以下官兵300余人，打死打伤100余人。次日，游击队诱敌深入进行围歼，歼敌团长以下官兵千余人，缴获迫击炮2门，重机枪3挺，步枪500支。

红军撤离通江时，地方武装被整编为四个独立师全部带走，共产党员、苏维埃干部绝大部分随军撤离，川陕省委仅留下极少数人在毛浴镇建立中共川陕省特委，管辖赤江、赤北、红江、红胜等县。后来，川陕省特委在国民党的残酷镇压下，与上级党组织失去联系，活动被迫停止。

1935年3月上旬，逃往南充、三台、成都、重庆、汉中等地的地主、恶霸、官绅等组成“还乡团”（又叫“难民团”）窜回通江，开始实施各种血腥政策，向革命群众进行反攻倒算。3月下旬，迁逃在外的民国通江县政府，随四川军阀从南充（仪陇）返回通江，开始反动政权的疯狂复辟。

1935年3月，国民党通江县政府为加强对人民的控制，县长马寿龄发布“安民告示”：（一）一人违法，十家连坐；（二）每户扯“良民证”一张，钱一串二；（三）凡参加过红军（或在苏维埃工作过）的人，不论干什么事，不论官职大小，必须扯“自新证”，钱加倍；（四）每户扯“查编讫”证，钱与“自新证”相等。上述事项仅限十天内办完，由“清乡队”检查，逾期不办查出后以“通共”论处。无论扯“良民证”或“自新证”，均由士绅、保甲长四五个作保。加上找保人的钱，扯一张“良民证”要两元多，扯一张“自新证”要十元多，逼得不少人卖猪卖牛，借债拉款。许多贫苦群众妻离子散，逃亡外地，饿死路旁。县政府勾结“还乡团”组建“清共委员会”“剿共大队”“清乡军”等反动组织，在重要场所设置“检查所”，在交通要道设置“检查哨”，搜山寻乡，四处捕捉红军、红军家属、苏维埃干部和革命群众。从1936年开始，又分区设署，整编保甲，清查户口，并颁发门牌、腰牌，无腰牌者寸步难行，进一步加紧对民众的人身控制。进行奴化教育宣传，大量群众被集中起来，“洗毒气”“换脑筋”，强迫“改过自新”。在学校内，严厉要求和鼓动各学校老师随时教育学生“不要为共产党言论麻醉”。

地主阶级从经济上反攻倒算，将苏维埃政府分给贫苦群众的土地、房屋及农具、家具等全部夺回，还征收1932年冬至1935年夏的三年地租，对红军到来之前的佃户租用的土地征收三年地租，并利滚利，大肆巧取豪夺，不少人因而倾家荡产。苦草坝向思才，曾任苦草坝四乡苏维埃赤卫军连长，红军时期分得恶霸张某某12背面积的水田①，红军走后，张某某不仅强行夺走土地、山林，还逼着向思才把红军到来后的三年租子一次交清，利滚利共勒索豪夺28背谷子（约合4200斤）。游击队员李崇金家两头牛、三头猪，全被地主豪绅抢走，农具、锅碗一点不留，还罚大洋60元，又勒令扯“良民证”，再度勒索大洋16元。

①通江当年计量单位，1背约为150斤。12背面积的水田指能产粮12背的水田面积。

为防止红军复返，国民党政府强抽民力，在各地修建碉堡。1935年6月至9月中旬，在南马山、锣坪、长宁寨、土地垭、佛头山、磨儿垭等地修建母堡3座，子碉19座。至年底，共修建碉堡539座，其中结亲母堡114座[①]。1936年，为防止陕南红军入川，在川陕边修建碉楼539座。被破坏的红军标语、被烧毁的苏维埃的物品不计其数。1935年4月，沙溪王坪恶霸地主王某某还乡后，疯狂破坏红军烈士陵园，推倒红四方面军烈士墓碑，挖掘烈士坟墓900余座，焚烧烈士遗骨。

“还乡团”与国民党反动派勾结，大肆捕杀红军掉队人员、苏维埃干部和革命群众，残害人数之多，手段之血腥，令人发指。据1951年8月中央人民政府南方老根据地访问团到通江慰问时，中共通江县委汇报材料统计，自1935年至1937年底，各种“清共”组织，共焚烧城镇房屋3000幢以上，烧毁农村民房2902幢，仅麻石一区就烧毁房屋282间，杀害红军干部、苏维埃干部及其家属914人，全县被抄家424户，霸产527户[②]。

同一时期，曾被红军铲除了的社会痼疾又死灰复燃，土匪活动开始猖獗，鸦片开始大量种植，农业遭受严重破坏，加之军阀、官僚、豪绅、地主疯狂反攻倒算和血腥镇压，广大民众家破人亡，妻离子散，通江再次进入黑暗时期。

---

①通江县志编纂委员会编：《通江县志》，四川人民出版社1998年版，第29页。

②中共达县地委党史工作委员会：《川陕革命根据地斗争史》，华夏出版社1989年版，第114页。

二、坚持革命斗争

国民党占领通江后，通江境内党组织受到严重破坏，大量党员和苏维埃干部被杀害，幸存下来的极少数党员干部被迫转入地下，分散潜伏，隐蔽活动，在险恶的环境下继续斗争。白色恐怖之下的广大革命群众始终坚信红军一定会回来，革命一定会胜利。

面对疯狂搜刮，保护革命物品。红军撤离后，通江各地革命群众千方百计保存红军留下的标语、钱币、印章、文件、报纸、武器及生活用品等。松溪乡保长穆某某、地主罗某某逮捕乡苏维埃主席赵庭柱，施以多种酷刑逼他交出苏维埃的印章和文件，赵庭柱宁死不从，使赤江县二区七乡苏维埃的条印和文件得以保存。赵家河妇女魏传秀保存着赤江县委秘书陈大才留给她的刺刀，四川军阀部队和“还乡团”在其家搜走刺刀，魏让儿子用 3 升大米换回刺刀，新中国成立后献给了文管部门。1935 年秋，王坪群众得知恶霸地主要毁坏烈士纪念碑，冒着生命危险连夜将墓碑深埋在囤水田里。1951 年，深埋 16 年的烈士墓碑得以恢复。

面对敌人的屠刀，进行英勇的还击。洪口乡苏维埃主席刘跃中，得知恶霸地主妄图杀害他以及其他乡苏维埃干部，便与其他干部一起果断采取行动杀死地主恶霸。王家沟村苏维埃主席王启贤，土地委员王学道，妇女委员刘敬平三家，均被恶霸地主“还乡团”王某春、王某奎、王某贤抢劫，“还乡团”欲逼他们到外地找粮，然后以他们偷抢民财为借口杀害他们，三人在一天夜里分头行动杀死王某春、王某奎、王某贤三人，打击了“还乡团”

的嚣张气焰。

面对残酷迫害，保护革命群众。青峪口蔡黄沟张学仁一家遭到“还乡团”屠杀，其年仅 12 岁的小儿子张锡被乡亲们藏在山里的苞谷地里，附近农民张克诚不顾杀头危险，连夜将张锡送上铜钵山。张锡长大后参军革命，新中国成立后任解放军某部政治部副部长。曾于成都大学政法系毕业，参加学生进步组织，任第六、第四高小校长的兴隆乡人王忠琦，在地主还乡向苏维埃反攻倒算时，以地方绅士的身份，保住了曾任乡党支部书记的周家让、乡苏维埃代表李金张等。曾任县高级小学校长的刘坪、进步人士王斌阶多次写信回乡，制止了多起“还乡团”的杀人事件。

第三编

抗日战争时期党在通江的活动

第五章

恢复、发展党组织和推进抗日民主运动

1931年九一八事变后，中国共产党率先举起武装抗日的旗帜。1937年7月7日，日本发动七七事变，中国抗日战争全面爆发。中国共产党坚持全面抗战的路线，推动了第二次国共合作建立，抗日救亡运动掀起新高潮。1939年起，国民党连续掀起反共高潮。中共中央南方局召集中共川康特委和川北特委负责人会议，决定在四川建立平行组织，实行个人负责，单线联系。通江由于具有第二大苏区首府的良好革命基础，地处川陕交界的优势地理位置，成为四川省委、川北特委关注的重点区域，党的组织得到恢复和发展。转移到通江以及留存在通江的党员，积极贯彻党中央“十六字方针”和“三勤”“三化”政策，通过统一战线，转变斗争方式，开展革命活动，推动了通江抗日民主运动的发展。

第一节　恢复、发展党组织

一、党组织在通江的恢复

1935 年 3 月，红军撤离川陕革命根据地后，国民党在通江实行高压统治，大搞白色恐怖，地方党员基本与组织失去联系，党的活动几乎处于半停止状态。6 月，红四方面军与中央红军会师后，毛泽东多次向红四方面军总政治部副主任傅钟以及其他干部询问川陕地区留下的红军情况，对红军离开后仍然坚守在大巴山的革命力量给予了极大的关心。此后，党中央从延安数次派回通南巴籍党员，寻找联络在苏区的地下党员和巴山游击队。1939 年 1 月，国民党通过《限制异党活动办法》，同年冬至 1940 年春，发动了第一次反共高潮。为应对国民党反共活动，四川省委主要负责人委派具有“合法”身份的共产党员肖中鼎到通江开展抗日救亡民主运动，掩护阆中中心县委转移安置大量党员和革命群众到通江，与留存在通江的党员重新成立党的支部，发展党员，建立革命据点，开展革命活动。

（一）通南巴特别支部的建立

红军长征到达陕北后，党中央将留在川陕苏区的 50 多名党员的情况函告中共川康特委，川康特委指示阆中中心县委王子模上下联络。1937 年 11 月，党中央派邹风平、廖志高、于江震等 6 人从延安回到四川，重建四川党的组织。邹风平等人在广元召开会议，决定由邹风平、廖志高到成都筹备建立中共四川省委，由于江震到南充建立中共川北工委，领导川北党的工作。1938 年 3 月，中共川北工委建立，于江震任书记①。4 月，吴显国②随同罗世文由延安回四川。同年夏，吴显国等与阆中（阆苍南）中心县委王子模取得联系。1939 年上半年，阆中（阆苍南）中心县委接到中央转来的袁林海、张明武、彭尚卫、李厚清、严尚武、陈开顺、任玉国、王意风等 20 多名党员名单，这些人员大多数是从八路军部队中派遣回川且具有白区工作经验的老红军，分布在通江、南江、巴中几个县。阆中中心县委决定由王子模率吴显国去寻找这些人员，他们乔装成卖草鞋的小商人，到通江、巴中关渡溪和南江赶场溪一带，寻找到少部分党内同志。之后，王子模仍返阆中、苍溪、南部一带开展工作，吴显国返回家乡，一边生产，一边做发展组织的工作。

1939 年 6 月，遵照中共阆中中心县委安排，组建了中共通南巴特别支部，负责人吴显国，委员袁林海、王意风。其后，由于形势极其严峻，成员分散隐蔽活动，以给地主做长工或做小生意等活动为掩护发展党员。从 1939 年底到 1941 年，吴显国、袁林海等在何家湾③发展了赵崇伦、赵宗炳等 10 余名党员。在此期

①中共巴中县党史研究室著：《巴中现代革命史》，四川人民出版社 1991 年版，第 374 页。

②又名贺秀文，巴中中兴乡人，1933 年参加红军，1934 年入党。

③地名，今火炬镇老君观村。

间，由于王意风发展党员不慎，暴露了党的秘密。同时，阆中党组织也遭到破坏，中共通南巴特别支部吴显国等人与上级组织失去了联系。1944 年，组织上曾派伍级生多次寻找吴显国未果，直到 1946 年 9 月，通南巴党组织负责人王朴庵再次派伍级生到八家坪①，吴显国才与党组织取得联系。

（二）中共竹子坎党支部的建立

1940 年秋末，转移到通江的中共阆中中心县委交通员伍级生在芝苞口“割松油”，每次路过麻石竹子坎都要前往喜神滩罗洪宾住处碰头对接工作，在此期间与向思林（贫苦农民出身，曾任乡苏维埃主席，并加入了中国共产党，红军撤离后失掉组织关系，在“还乡团”迫害下逃到宣汉当长工，西安事变后回家，以贩卖香火为生，解放后，任乡党支部书记、乡长、县委常委）相识。此后，伍级生、罗洪宾、杨益中多次到向思林家暗中考察，并发展他重新入党。伍级生等给向思林的主要任务是了解情况，物色可靠对象，为以后发展党员打下基础。不久，向思林介绍王金业（雇农，苏维埃时期参加红军，红军撤离时因生病而留下）入党。伍级生、罗洪宾在向思林家里当面考察了王金业的个人经历和家庭情况，发展王金业加入中国共产党，候补期三个月。12 月，伍级生等建立中共竹子坎党支部，由向思林、杨益中负责，王金业负责交通联络。党支部建立后主要负责两项任务，一是继续了解可信可靠的穷苦人，掌握情况，培养党员，壮大组织；二是了解本地乡、保的武装情况。支部活动了半年时间，1941 年下

①今火炬镇龙凤垭村。

半年，由于罗洪宾的叛变，竹子坎党支部活动基本停止。直到1944年下半年，王朴庵派郝谦、伍级生等人到通江县寻找失联党员，再次与向思林取得联系，发展新党员，开展党的活动。1947年，竹子坎党支部重建。

（三）掩护转移到通江的党员和革命人士

1940年3月14日，国民党特务机关在成都制造“抢米事件”，嫁祸共产党，借此大规模破坏党的组织，大肆抓捕共产党员和进步人士，川康特委书记罗世文、成员车耀先、唐介舟等十余名共产党员被捕。这股反共逆流迅速波及阆中、南充、广元等地，很多地区的党组织遭破坏。中共阆中中心县委的交通机关——“战时书报供应所”被破坏，书店被查封，阆中中心县委被迫疏散。根据中央和南方局指示，川康特委采取缩小机构，疏散下乡，隐蔽转移被暴露党员等措施，保护党组织和党员，并紧急指示各地，紧缩机关，收藏文件，“准备口供”，找好关系，与可疑分子断绝关系，转移干部。川康特委委派王叙五①到阆中中心县委接替中心县委组织员郝谦的工作。阆中中心县委书记饶孟文派郝谦、伍级生到通江、巴中联系地下党员，考察阆中中心县委转移的地点。7月，郝谦、伍级生在巴中同苟寿南②接通关系后，于8月到达通江并与肖中鼎③取得联系。

郝谦全面了解对比通江及南江、巴中的政治、经济、地方政

①其他资料记载为王叙伍。

②苟寿南，原中共巴中县委联络站负责人，1925年加入中国共产党。

③肖中鼎（1901—1985），又名禹成，垫江峡云乡人。1938年5月加入中国共产党，积极开展统战工作支持抗日战争，掩护地下共产党员。1947年10月被国民党特务逮捕，后关押在重庆渣滓洞，1949年11月脱险。新中国成立后回垫江工作。

权、各阶级阶层的矛盾等有关情况后，于9月回到阆中，向饶孟文提出在通江开辟新据点，建立革命据点的七点理由：1. 国民党第一次反共高潮虽暂告结束，但反动气焰有增无减，党的工作不能停滞，要巩固抗战大后方，必须另谋出路，开辟新的战场。2. 通江是革命老根据地，红军北上后，还乡团进行残酷镇压，人民受苦深，盼望共产党心切，群众基础好。3. 通江物产丰富，地下宝藏多，有良好的物质基础。4. 通江属边远山区，敌人统治力量相对薄弱，有利于党的活动。5. 通江及巴中有部分党员在活动。6. 通江幅员辽阔，地形复杂，疏散隐蔽，十分有利，可给即将要疏散隐蔽的阆中中心县委的党员准备退路，而且，更为迫切的是要求为即将举行的苍溪农民暴动找好退路。7. 肖中鼎掌控了通江、巴中、南江三县设计分会，统战工作已打开局面。饶孟文、郝谦商讨后，川康特委同意将中共阆中中心县委暴露的同志转移到通江，并派郝谦长驻通江，以此为中心据点，做好掩护党员的具体工作。随后，中共阆中中心县委党员和革命分子刘德全、杨益中、罗洪宾、罗洪甫、李长乐等20多人陆续从阆中、苍溪、南部转移至通江。

肖中鼎、郝谦等经过认真研究，决定依托当地松树、竹子丰富的资源优势，开办纸厂、制墨厂和松烟厂，以此安置由阆中中心县委转移过来的党员和革命群众。肖中鼎以“发展实业，支援前线，抗日救亡”为理由，以县长王蜀屏及县里上层人士的名义，拉拢王鉴武、王翼民及司瑞等人纳资集股，邀约家乡富绅筹集入股，共筹集资金2万余元，先后开办了四个厂。其中两个纸厂，一个在西河口（今属于陕西），一个在石门子；一个制墨厂，在通江县城；一个松烟厂，在喜神滩（今属于平昌）。肖任各厂总经理，并在县城内设办事处，通过股东大会聘请郝谦任办事处秘书，居中处理各厂事务，便于暗中联络各地党员。先后安排伍级生、罗洪宾、杨益中到喜神滩松烟厂工作，后又安排伍级生到西河口纸厂当管理员。在此期间安排刘德全在麻石教书，李长乐在田赋管理处当职员，郝谦、罗洪宾二人的爱人在斋公堂学纺纱，其余人员也得到妥善安置。

1942 年春节前，由于党内出现叛徒，疏散到通江活动的党员又被迫多次转移。苍溪转移到通江的侯某某叛变了革命，党组织将侯某某同乡罗洪宾转移到巴中，随后，罗洪宾潜回老家叛变革命，转移到通江的党员被迫再次转移。王叙五转移到南部，郝谦、伍级生转移到化成小学，李长乐（后叛变）转移到广元大华纱厂，刘德全也随之转移。由于肖中鼎的公开身份是设计分会副主任，未受波及，根据党的指示，继续留在通江活动。至此，中共阆中中心县委转移到通江的党员全部秘密转出通江，党的力量得到保存。

（四）贯彻执行“十六字”方针

1941 年 1 月皖南事变后，党中央提出了在国统区实行“隐蔽精干，长期埋伏，积蓄力量，以待时机”的“十六字”方针。南方局制定“勤学、勤业、勤交友”（简称“三勤”），“职业化、社会化、合法化”（简称“三化”）的政策。根据中央指示，南方局划小工作区域，精简领导班子，重新成立中共川北工委，撤离已暴露的共产党员，不建支部，独立作战，个别联系，转地不转党（组织关系）[①]。6月，川北工委派阆中中心县委组织委员王叙五到通江，在李长乐家中向郝谦、肖中鼎等传达了“十六字”方针和“三勤”“三化”政策，开始转变活动方式和斗争策略。王叙五等人分析了通江的形势，筹划了党在通南巴的工作。为了更好地在通南巴开展党的工作，王叙五通过肖中鼎的介绍，在巴中统战人士赵济刚帮助下，开办了化成小学，大量安置共产党员和进步知识分子作为教师，化成逐步成为巴中地区党的活动据点。

二、党组织在通江的统战工作

在国民党顽固派不断掀起反共高潮时，四川省委提前谋划，罗世文安排中共党员肖中鼎秘密潜入国民党部队，驻扎通江建立秘密联络点，掩护党的组织，打击国民党顽固派，开展统一战线下的抗日救亡活动。

（一）利用设计分会开展统战工作

1939年，潜伏在刘湘部队的地下共产党员肖中鼎开展革命活动时被叛徒告密身份暴露，出于安全考虑，时任川康特委负责人罗世文多方运筹派其到四川军阀潘文华部任川陕鄂绥靖公署上校参军，并将其组织关系转到阆中中心县委，由王叙五、郝谦直接领导。为落实蒋介石“建设新四川”（实为“防共”）指令，潘

①中共达县地委党史工作委员会编：《中共通南巴平地下党斗争简史（征求意见稿）》1984年印，第16页。

文华特设军事特派机构——川陕鄂边区绥靖公署设计分会，各县设分会，委任肖中鼎为通江设计分会副主任（主任由县长兼）。阆中中心县委抓住国共合作联合抗日的有利时机，利用肖中鼎任通江设计分会副主任，维护地方治安、禁毒禁烟、组织“巴山防线”的合法身份，完成党组织“建立据点，发展武装，安置外地疏散来的党员，恢复革命老根据地党组织”的任务，在通江开展抗日救亡革命活动。

肖中鼎到达通江后，利用“绥署高参”的身份，首先掌控通江、南江、巴中三县设计分会。一是举荐他较为进步的学生杨兆南出任南江县设计分会主任。二是暗中联系巴中的地方开明绅士赵济刚，协助巴中设计分会的工作，架空该会较为顽固的主任杨伯昌。三是支持民国政府通江县长王蜀屏出任分会主任，具体工作则由肖一手负责。同时，肖又请示潘文华专拨一个营（四个连，400余人枪）的武装力量长驻通江，归肖指挥。由此，肖中鼎利用三县设计分会，广泛开展统战工作，推动抗日救亡活动顺利开展。

肖中鼎以设计分会副主任合法身份，有针对性地做好政府上层人物的统战工作，整合各方面力量，采取政治攻势为先导，军事进剿做后盾，肃清土匪，整肃社会秩序。肖中鼎召开清匪动员会，指出通江土匪猖獗，对抗日救亡、巴山防线的危害，对地方经济社会发展的阻碍。制定清匪的具体实施方案，督促上层人士参与劝说土匪投降，四处派兵设防，步步进剿，还只身深入空山大土匪李茂春的老窝子，晓以抗日救国的民族大义，当面招降土匪，先后收服土匪李忠朝、李宗品，震慑方山坪土匪靳廷垣，从而安定了社会秩序，既赢得了民心，还受到不少开明士绅的赞扬。肖中鼎还对破坏国共合作的行为进行了有理有节的斗争，巩固统一战线。国共合作期间，国民党县党部的顽固分子在县城大街之中，竖了一块高大的石碑，上面刻着诬蔑红四方面军和共产党的所谓“赤祸罪状”。肖中鼎以石碑“妨碍交通”为由要求撤掉，顽固派碍于肖设计分会副主任身份没有明确反对，肖趁机派人打掉石碑。

（二）建立秘密交通线

为支援抗日前线和解放区，预防国民党对重庆的中共机构和人员的突袭，地下党组织建立了秘密交通线，设立秘密交通站。南方局以重庆市为中心，着重建立延（延安）渝（重庆）线，川陕线、川鄂线等，便于物资输送和干部转移。川康特委书记罗世文亲自负责此项工作。其中，川陕交通线是为了紧急输送干部而设立的备用交通线，保证紧急情况下的干部转移。经周恩来、董必武、叶剑英研究决定，线路由重庆到川陕边区，设置两条平等线路，其中之一是以重庆十八梯为起点，在邻水、广安、渠县、达县、巴中、通江、南江、广元、宝鸡等地设立交通站。通江党组织也建立了本地的秘密联络点。在水运畅通的瓦石铺，罗洪宾夫妇以经营小店为掩护建立秘密联络点，在因银耳交易而陆路运输方便的涪阳坝、群众基础较好的马家坪均建有秘密点，为紧急情况时的干部转移做了充分准备。

第二节　领导和推进抗日民主运动

1937年后，日军加紧了对中国的侵略，给中国人民造成重大人员伤亡和财产损失，全国人民纷纷投入抗日救亡运动。跟随红军北上的广大通江儿女，在经历土地革命洗礼、长征浴火锻炼后，毅然奔赴抗日前线。而在抗战后方，中共四川省委指示各地党组织积极行动，领导和动员抗日救亡运动。共产党员肖中鼎等人在通江广泛宣传，发动社会各界捐款捐物支援前线，动员广大青年参军抗战，全县抗日救亡运动持续深入发展。

一、推进抗日民主运动

反贪官反腐败学生运动。抗日战争期间，腐败的国民党官僚“前方吃紧，后方紧吃”，大发“国难财”，搜刮民脂民膏，激起人民的反贪官斗争。1937年12月中旬，国民党通江县政府县长李泽按照省政府的意旨，将所摊烟款分配给县境农民负担，巧立名目“公土款”。款项下达后，县吏、区、乡及保长层层加码，达到人平银币伍角，人民不堪其累。当时，正是连年旱灾田禾无收，广大群众无粮充饥亟待救灾。县长李泽充耳不闻，反而亲自到涪阳催收烟款。诺江小学的学生大部分来自农村，对家庭频遭苛捐杂税感触最深，自发地进行公开反对。1937年12月11日深夜，全城贴满标语：铲除贪官污吏！反对李泽用洋烟毒害人民！反对李泽肆意增收大烟，冒派烟土款！打倒贪污受贿，鱼肉贫苦人民的李泽！坚决将榨取人民血汗脂膏的李泽驱出通江。县衙主事率领衙内所有科吏人员及武装警丁数十人拥入诺江小学，将李义甫、冯性生、向平章、汪叔瑜、严粹夫、李锐发、李腾洲、刘芳藻、刘在典、张进、阎中国、严泗芳等13人逮捕入狱，震惊了全城居民。学校师生罢教罢课，全城商店铺户罢工罢市，支援学生的正义行动。一些被捕学生家长是县内知名人士，他们询明究竟后，四处呼吁，纷纷声援。县衙主事见群情激愤，迫于社会舆论压力，与县绅磋商后，决定由县参议长王翼民领头，连同议员及有关士绅30余人联盟保释学生出狱。历经七天，引发县城罢教、罢课、罢工、罢市的诺江小学学潮就此平息。被捕学生出狱返校时，在校师生采取各种方式慰问鼓励。

抗日救亡宣传活动。抗日战争在向前推进，为鼓励更多的爱国人士加入抗日战线，通江地下党组织通过各种形式进行了广泛深入的抗日宣传活动。共产党员肖中鼎利用设计分会副主任的合法身份，在各种公开场合大张旗鼓宣讲抗战必胜，呼吁各党派、团体共同抗日，团结救国。在设计分会成立大会上，肖中鼎大讲特讲抗日救亡职责和任务，他说："在国难当头、民族危亡的关键时刻，本会之成立对于抗日救亡和建川支前有很大的作用，既有利于支援前线抗战，又有利于解决民生问题。根据绥署指令，本会的主要任务是宣传抗战，安定社会秩序，发展生产，建设后方，支援前线。抗日救亡，人人有责，分会成员更有义不容辞的爱国救国责任。"1940年7月，县政府教育科举办教师讲习会，肖中鼎利用这个机会，向参训学员宣传抗日救亡时事形势和抗日必胜的道理。一是号召党、政、军、团和民众团结一致，共同抗日。二是要求后方加强生产，支援前线。三是揭露“抗战速亡”论和“曲线救国”论的荒谬，唤醒人们不要上唯武器论的当，鼓励人们树立抗日必胜的信心。在讲习会上，还支持受训学员唱《义勇军进行曲》等新歌，暗中借《论新阶段》等新书给青年教师看，找青年谈心，启发他们的觉悟，引导青年走上革命道路，并收到较好成效。学员苟治平就是受到了肖中鼎的帮助和影响后，加入中国共产党，参加革命的青年之一。

在党组织的统战工作有力推动和影响下，1938 年秋，通江成立“抗战宣传委员会”，到县内各地巡回演讲、宣传抗日救国达 50 多次①。1939 年 1 月 16 日，组建抗战剧团（后更名县动员抗战话剧团），用戏剧形式宣传抗战，每周星期六、星期天在城镇上演两场，其余时间到农村演出，最远到达空山、碑坝等地。演出剧目有《卢沟桥之变》《壮士血》《李贵林之死》《爱国花》《三江好》《放下你的鞭子》等，受到群众热烈欢迎。抗战剧团还在街道、交通要道等醒目的地方，用石灰水书写抗日标语，有“日本鬼子滚出中国去”“团结起来，收复失地!”“誓雪国耻”“打倒日本帝国主义”等。

1940 年，应抗战之需，筹建了“通江县民众教育馆”，馆内设图书室、宣传队、夜校等，在民众教育馆带动下，各种抗战宣传应势而生。全县学校、单位、场镇的各种抗日墙报、标语随处可见，其中通江县城的四幅漫画，群众反响强烈。一幅是文庙甬

①通江县志编纂委员会编：《通江县志》，四川人民出版社 1998 年版，第 578 页。

墙上的“把我们的血肉筑成新的长城”，一幅是县政府大门口的“祖国的美好山河”，一幅是“敌机轰炸、弹片横飞、血肉模糊，一片瓦砾”，深刻揭露日本的罪行，唤起民众抗日决心。还有一幅在通江中学内，“中国军人英勇战斗，打击日军”。通江中学将《兵役浅说》确定为正式课本，组织“假期兵役宣传运动”，每区镇一个分队，分别组织“话剧演讲”“化装演讲”和歌咏活动，揭露日军暴行，宣讲兵役法，动员青年参军抗战。

不少文人志士以笔代枪抒发抨击日军的满腔斗志。春在乡名儒王松听到武汉失守消息时愤怒地写道：“东洋鬼子太猖狂，胆敢横行侵我疆，大泄淫威开杀戒，恰同鸩毒造祸殃，卢沟事变心坎痛，汉水流泪实可伤，只望中华神勇将，早收失地灭天狼。”1942 年春节，新场乡名儒过珍三在乡小学大门口书写长联：“何方能强国，思孟子策腾，管仲治齐，一则轨里连帮，一则守望相助。今保甲果雷厉风行，即是那报国良药。众志可成城，效刘琨复晋，勾践事吴，时而枕戈待旦，时而卧薪尝胆，纵倭奴有枪林弹雨，难逃我无畏精神。”①

捐款捐物支援抗战。据不完全统计，通江在全面抗战时期，为抗战贡献的捐费、粮食和其他财产有 11 种。1939 年，通江征收国难税 16390.25 元。1941 年，成立捐款捐机委员会，捐款 4 万元，全县募捐 16174.1 元。劝募航空费 9.9 万元，生铁称息 7000 元，壮丁费 1054 元。1943 年，捐航空费 2896 元，出国壮丁费 50500 元。1943 年捐滑翔机款 30001.05 元。1944 年，献机

①中共巴中市委党史办公室著：《中国共产党四川省巴中市历史》第一卷（1921—1949），中共党史出版社 2018 年版，第 128—129 页。

捐款 25061 元，其他种类捐款 52895 元。1945 年三八节募集捐献军鞋 1891 双，折款 567300 元（法币），捐献军粮 393 万石[①]。八年抗战期间，通江人民共捐各种抗战经费 150 多万元，购买同盟国胜利币卷 44 万元，向“九一八”节约建国储蓄会储蓄 11 万元，增购军谷 6 万石。

二、通江人民积极参加抗日斗争

1935 年红四方面军撤离通江时，共有 5 万多通江儿女随红军北上。虽然很多通江籍红军在长征和西征途中，为革命事业献出了生命，抗日战争期间，参加红四方面军的通江儿女大多被编入八路军 129 师、120 师，转战在太行山、鲁西、冀南、东北等抗日战场抗击日军，许多人参加了平型关、五十里铺、阳明堡、神头岭、响堂铺等著名战役，大多数人经历了百团大战、反“扫荡”、反顽敌等战斗洗礼，无数通江儿女献出了宝贵生命，为全国抗战和世界反法西斯战争的胜利做出了贡献。

傅崇碧，通江胜利乡迪坪村人，1932 年参加通江地方游击队，随后编入红军，1934 年加入中国共产党。1939 年 10 月，时任抗大第二团政治部主任的傅崇碧指挥部队在洪岭一带阻击日、伪军，掩护抗大总部和八路军总部后方机关。1941 年，八路军 35 团在太行山滹沱河北边与日军相遇，傅崇碧带领一个营打退了敌人数十次进攻，打死敌人 100 余人，缴获步枪 100 余支，轻重

①四川省档案馆编：《川魂：四川抗战档案史料选编》（川人贡献篇），西南交通大学出版社 2005 年版，第 566 页。

机枪10余挺。

何正文，通江板桥口乡街道人，1932年加入红军，1934年加入中国共产党。抗日战争全面爆发后，何正文任八路军129师副师长徐向前的参谋，转战太行山区后，被派往榆社县组建游击队，担任榆社游击纵队副队长兼第二大队队长和指导员，不到一个月时间拉出一支100多人的游击队伍，在太谷、和顺袭击日军，配合陈赓772团，粉碎日军多次“扫荡”，破坏日军交通，参与阻击经祁县、太谷返武乡的日军，为掩护129师主力撤退，在长乐村与敌浴血奋战，缴获大量武器装备，粉碎了日军“九路围攻”，收复了和顺、武乡、高平等19座县城。

吴仕宏，通江兴隆乡太平村人，1933年参加红军，1934年加入中国共产党。抗日战争爆发后，吴仕宏任八路军129师司令部警备参谋。1937年9月，他随师部进至太行山开展游击战争，首战奇袭阳明堡，再战七亘村，连续设伏，歼灭了大量日军。抗日战争进入反攻阶段后，吴仕宏调任第28团参谋长、29团团长，率部参加了太行山根据地的反攻作战。

刘海清，通江县烟溪乡人，1933年参加红军，同年加入中国共产党。1940年1月，刘海清任山东教导旅警卫连长，随大部队东渡黄河向晋北前线开进，9月24日，刘海清随115师主力冒雨在平型关东北山地设伏，9月25日拂晓，日军第5师团第21旅团一部和大批辎重车辆进入伏击地区，刘海清所在八路军部队与友军配合作战，将被围之敌歼灭。

邓心袍，通江县新场乡人，时任八路军129师386旅772团排长，1937年11月奔赴山西东南地区抗日前线，参加创建太行山抗日根据地。1944 年底任太行山六分区武装工作队队长。在著名的神头岭伏击战中，其所在连负责突击任务。

身在通江的广大热血青年踊跃参军，奔赴前线，走出国门，抗击日军。通江县平溪乡小学教员谌清藩要求从军抗日，在申请书上写道："愤倭寇之侵虐，时仇敌忾，自愿参军抗战，恳于录用。"远在东北师范校读书的通江县曲滨乡李光宗假期回乡受到感染，返校后弃学从军抗日。参军前，他给家乡哥哥李光宾寄回一封书信，在信中讲道："我要去了，我要战斗。我要去了，我要战斗！让刺刀代替笔尖，让枪声代替呐喊，让自己沸腾的血液去灌溉胜利之花！"其拳拳报国之心跃然于信中。大批参加国民党部队抗战的优秀儿女，纷纷走上抗战第一线，直接抗击日军，保家卫国。新场乡吴长书，参加了著名的台儿庄战役身受重伤。涪阳人罗寿贤随部队奔赴印度、缅甸对日作战，参加了松山战役后，在阻击日军时壮烈牺牲。

据统计，1938 年 11 月至 1945 年 9 月，全县共征调 5287 名青年上抗战前线，超应征配额 809 名。在发动学生服役运动中，14 名中小学生参军；在知识青年志愿从军运动中，征调知识青年 60 名，超额 30 名；在征调出国甲壮运动中，有 200 名青年随远征军奔赴印度加尔各答等地。通江儿女浴血疆场，为抗日战争的胜利付出了重大牺牲。以通江县陈河乡为例，该乡"1936 年至 1943 年应征国民党军队出川抗战人数为 54 人，在抗战中伤亡人数为 31 人（其中阵亡 17 人，失踪 14 人），伤亡人数占实征人数的 57.41%"。

通江无数优秀儿女在党的号召下，为抵抗外辱，民族独立和领土完整进行了舍生忘死的战斗，为全民族抗战做出了贡献。通江抗日救亡运动在党的统战工作推动下，呈现了崭新局面。地方党组织领导和发动群众开展了各种形式的宣传和支援抗战活动，激发了通江人民的爱国热情，同时保存了地方党组织的力量，为以后革命斗争的开展奠定了基础。

第四编

解放战争时期党在通江的活动

第六章
党组织在通江的发展壮大和县委的成立

抗日战争胜利后，中国共产党提出了“和平、民主、团结”的建国方针，而国民党统治集团动妄图消灭中国共产党，继续实行独裁统治。在中国革命进入两种命运两种前途的关键时刻，党中央要求地方党组织广泛发动群众，团结进步力量，争取中间势力，开展争和平、反内战、反独裁、全面执行国共“双十协定”的斗争，同时做好应对全面内战爆发的准备。1946 年 4 月，中共四川省委正式成立，大力加强地方党组织建设，领导人民开展反内战的爱国民主运动。全面内战爆发以后，中央批准省委《西南武装斗争总计划》，先后派出原红四方面军干部 60 余人回川，省委将他们派到川北各地，准备武装斗争，迎接解放。通江党组织认真贯彻省委、特委方针政策，团结进步人士，巩固统一战线，积极发展农村党的组织，组建地方武装，并成立中共通江县委员会，实现全县党组织的统一领导，开展与国民党的坚决斗争，并最终实现彻底解放。

第一节　党组织在通江的发展壮大

1946年初，南方局指示：要利用抗战胜利的新形势，大力开展群众工作，在群众觉悟的基础上，积极慎重的发展党员，建立党的领导机关。9月，南方局派王叙五负责清理和领导涪江流域及通南巴地区的党组织和党员，于次年3月在遂宁建立川北二工委①。随后，王叙五到川北各县负责组建各县工委。在川北二工委直接领导下，通江党组织贯彻“坚持岗位、度过黑暗、改变形式、适当斗争”的指示，实行稳慎吸收、逐步扩大的方针，发展党的组织，壮大党在农村的力量，先后建立了何家湾、八家坪、贺家湾、竹子坎党支部和中共通南巴平工委，在马家坪、龙凤桐林场领导了农民和工人斗争。

一、何家湾、八家坪、贺家湾党支部的建立

1946年9月，通南巴党组织负责人王朴庵派伍级生、郝谦、李范九等到八家坪，再次寻找从延安派回的共产党员吴显国，并同其接上组织关系。吴显国按照党组织新的指示，重新清理以前的组织关系，在与巴中相连的何家湾、八家坪、贺家湾分别建立

①《中共共产党四川历史　第一卷（1921—1949）》，中共党史出版社2021年版，第385页。

了三个党支部。何家湾党支部，书记何崇伦，党员何崇声、何崇于；八家坪党支部，书记赵宗炳，党员吴显国、王亿丰、余光清、唐永怀；贺家湾党支部，书记阎成碧，党员贺传兴。

二、竹子坎党支部的重建

1941年下半年，麻石竹子坎党支部与上级党组织失去了联系，组织活动基本停止。1944年，伍级生、郝谦受通南巴党组织负责人王朴庵派遣，到巴中、通江、南江等地寻找失去联系的地下党员未果。下半年，伍级生再到通江，与老党员向思林取得联系，共同发展了王子德、王子金、王正业（王文正）、向兴云等加入中国共产党。

1947年7月，中共通南巴平工作委员会成立，加强了对通江、南江、巴中、平昌的统一领导。同年夏，通南巴平工委决定放手大胆发展党员，党员教师和党员学生深入农村开展党组织建设工作，并积极筹建通江、南江、巴中、平昌四个县委。下半年，通南巴平工委安排伍级生以卖针线为掩护，到通江开展革命活动，重建了中共竹子坎党支部。党支部大力培养了一批入党积极分子，并对地主的罪恶、经济状况等进行调查掌握。10月上旬，党支部在王子德家召开会议，伍级生安排布置了工作任务，主要是了解地方上的武器弹药和国民党上层人事的活动情况。

三、通南巴边区工委的建立

1949年4月，苟治平（曾在通江教师讲习会受训，受到共产党员肖中鼎的启迪，于1945年8月由王朴庵介绍入党）由成都返回通江，在马家坪发展党组织，先后发展李治民、闫旭东、罗洪熙四人入党。贯彻党组织提出的“发动群众、争取武装、迎接胜利、建设四川”指示，组建了“中共通南巴边区工作委员会”，并指定上级未派人来之前，暂时由先期入党的苟安荣负责，主要任务是：发动群众，争取武装，迎接胜利，保卫地方，建设通江，重点是为党在通江发展武装力量，迎接通江解放作好各方面准备。一个月后，苟治平离开，将阎缉熙等四人的自传交苟安荣掌握，路经巴中时将他发展组织、组建通南巴边区工作委员会的情况向党组织做了汇报。通南巴边区工作委员会的组建，为后来的马家坪独立营的建立创造了条件。

四、建立党的外围组织

为了更好地争取群众，除了加强党组织的自身建设外，党在马家坪建立了党的外围组织，通过组织发动群众，从中物色党组织发展对象。

组建青年学行会。1946年，在化成小学教书的中共党员苟治平，按照党组织工作重点向农村转移的指示，回到家乡马家坪（火炬乡），举办“青年学行会”，以砥砺学行、敦笃友谊、团结进步为主旨，参加学行会的共30余人，有曾参加过县教师讲习会的教师、旅外同学、本乡知识青年及乡丁，还吸收了一批穷苦青年。学行会选举阎缉熙为主任委员，严粹夫为副主任委员。学行会虽没有拟订章程，但学行会所出壁报发刊词实际起到了章程的作用，其大意是砥砺学行、敦笃友谊、鼓励青年努力学习等。学行会开展的活动主要有：一是读新书，谈心得，谈时事，宣传抗战之后不要内战，免受征丁征粮之苦，也交谈解放区的新鲜事。二是办《曙晖》壁报，1947 年春夏各出一期。壁报稿件均由苟治平审查修改。在壁报上刊登了不少讽喻时事、抨击封建势力的进步文章。1947 年 7 月，苟治平因所谓“异党标语”案被国民党通江县党部逮捕，不久即被释放。年底，党组织将苟治平转移到成都。一些学行会骨干也因事离开，学行会便自行解散。

青年学行会的活动虽然时间不长，但达到了结交朋友、团结群众、启发青年进步的目的，发展了苟安荣等四名党员。参加学行会的青年，大部分后来都加入了共产党，并成为马家坪独立营的骨干。

组织生死同盟会。生死同盟会本是一种拜把结义的民间组织，地主恶霸利用这类组织来维护反动统治。党组织便利用生死同盟会为掩护，在马家坪开展党的活动，暗中组织和发动群众。据马家坪共产党员李恒回忆：乡长阎绍初组织的生死同盟会，参加的有各保保长及地方绅士，要求各保也组织生死同盟会。马家坪的党员利用机会建立了马家坪生死同盟会，以同盟会的名义掩护地下党员活动及组织贫苦群众进行斗争。为了便于贫苦群众参加同盟会，对棉花的缴纳要求较松，可多可少，没钱的出半斤，实在没有也可不出。马家坪生死同盟会很快发展到 100 多人。1949 年 11 月下旬，马家坪生死同盟会在老君观梁上去开会，有 100 多人参加，共产党员刘黎平①、吴显国都在会上讲了话，指

①其他资料记载为刘立平。

明了组建同盟会的宗旨是打土豪劣绅，并将生死同盟会改名为青年促进会。

“开山堂”组织洪帮。阎缉熙在地方上曾当过团正、联保主任，有一定的影响，1944年在洪帮“开山堂”（洪门成立组织称开山堂，也称开香堂）任义字号大爷。1949年10月，党组织利用其“义字号大爷”身份“开山堂”“办提升”，把各保保长、士绅、甲长、亲戚朋友都拉拢，包括附近的草池、马家坪、回龙及巴中关渡溪等地，共有四五百人。刘黎平、罗洪熙、阎缉熙等党员参加了此次活动。通过洪帮组织，团结争取了草池坝、马家坪、回龙及关渡溪、白庙一带的乡长、保长和甲长，使他们听从共产党指挥，马家坪六个保中有五个保的政权为共产党掌握。

党组织的恢复和壮大，使通江的革命活动再次活跃起来，各级党组织秘密宣传党的政策，稳妥发展党员，搜集掌握敌人的情况，为解放通江积蓄力量。

第二节　县委的成立及整顿

1948年4月，通南巴平工委书记魏文引参加川北工委在三台召开的会议，主要讨论发展壮大农村党的组织，组建各地中心县委，准备武装斗争等问题。会议决定将中共通南巴平工委改为中共巴中中心县委，领导通江、南江、巴中、平昌党的工作。6月，中共通江县委成立。8月，整顿调整了领导班子，新成立了三个区委、五个支部，至 1949 年 12 月发展党员 54 名。

一、县委的成立

1948 年 5 月 19 日，根据革命形势的发展，为加强组织领导，根据川北工委三台会议决定，撤销通南巴平工作委员会，成立中共巴中中心县委，由魏文引任书记，负责平昌县，副书记王朴庵，负责通江县，组织委员周永开负责巴中县，宣传委员李范久负责南江县，统战委员待定。6 月，魏文引、王朴庵因组织分配新的任务离开巴中，离任前召开了中心县委会议。根据上级意见，艾文接任中心县委书记，吴显国接任副书记，并分管军事工作。会议分析了全国革命形势发展，检查前阶段工作开展情况，尤其是工作重心转移到农村以后的成绩和问题，研究了今后工作的任务和方法，重点是党组织发展，开展以“三抗”为中心的群众运动，组建地方武装，扩大统一战线等工作。1949 年 6 月，川北工委再次委派魏文引到巴中指导工作，并对中心县委机构做出调整充实，增补何静修为中心县委委员，分管统战工作，负责巴中兴文。

根据形势发展，按照中心县委决定，中共通江县委于 1948 年 6 月成立，书记由中心县委副书记吴显国兼任，宣传委员余绍尧，组织委员谢长庚。通江县委成立后，根据中心县委安排，除领导通江境内外，通江、巴中交界的中兴、柳岗、梓潼庙、白庙子、官渡溪也划归通江县委领导，活动范围以马家坪一带为中心区域。

通江县委成立后，吴显国主要活动在马家坪，余绍尧主要活动在白庙，谢长庚主要活动在柳岗。他们多次利用赶集的机会，在八家坪茅坡里、白庙子三角潭、大松林等地开会研究工作。7月，县委在白庙子开会，主要研究如何贯彻上级党组织的决定，计划大量发展通江的党组织。后来余绍尧被拉壮丁，谢长庚在柳岗建立党支部，与吴显国缺少联系，工作局面没有打开。

二、县委班子的整顿

1948年8月，鉴于通江县委工作滞后，中心县委采取组织措施，重新调整了中共通江县委领导班子，由刘黎平任书记，伍级生任组织委员，吴显国任宣传委员。调整后的通江县委认真贯彻中心县委提出的“以最快的速度开展党的工作，迎接解放战争的高潮”的指示，主要是扩大思想发动和组织发展工作范围，进一步加速发展党员，条件成熟的建立党支部，进而建立区委。

1949年5月，刘黎平、伍级生分别到马家坪、竹子坎开展工作。刘黎平在马家坪同阎缉熙接上关系，于5月7日晚在阎缉熙家主持李恒入党宣誓后，召开了有阎缉熙、罗洪熙、李恒参加的会议，传达上级指示，要求开展群众工作，发展党员。刘黎平指出党的工作既要公开又要秘密，发展党员要破除“土老财埋金”[①]的思想，党员活动要保持纵横关系，横不出支，纵不越级，搞工作主要是要机敏而不是机械。刘指示阎、罗、李三人成立三个党

①中共巴中市巴州区委办公室、党史研究室：《地下星火燎巴山——中共巴中中心县委的光辉历程》，川新内〔2009〕24号，2009年5月，第102页。

支部，各自去发展党员，要求所发展的党员既要忠实又要起作用。6月，刘黎平同吴显国联系后，吴把他在通江所开展的工作做了汇报，刘对其工作提出了批评，指出了“组织工作不健全，好像一盘散沙，没有战斗力”的问题，研究了如何健全党的组织，增强战斗力以及加强政治宣传和组织武装迎接解放等问题，整顿了何家湾党支部，加强了八家坪和苟家坝两个党支部的工作，提出了整顿党支部的重点是进行形势和政治教育，以提高对敌斗争的信心和决心、组织武装迎接解放。通过这次整顿，通江党的工作得到加强。

9月，中心县委派组织委员周永开到通江，再次调整了通江县委组成人员及职务，刘黎平任书记，副书记兼组织委员闫辑熙，宣传委员吴显国。同时对马家坪罗洪熙所发展的人员进行了研究，对某些发展对象思想不纯的状况进行了教育。之后，刘黎平化名杨克昌，以机匠、布贩子、牛贩子、烟客等身份积极活动在马家坪附近的阎家湾、苟家坝、戴家湾、石门子、八家坪、何家湾、余家碥等地，组织开展“三抗”斗争，组建独立武装，在通江、巴中边界地方成立边区区委和党支部，指导吴显国、阎缉熙、苟安荣、戴云祥、李恒、罗洪熙等开展工作。通过以上工作，全县农村党的组织得到进一步发展。

随着解放战争的不断胜利，国民党反动派不甘失败，垂死挣扎，通江的国民党顽固派和县政府加紧了对共产党的防范，全县政治形势十分紧张，进入黎明前最黑暗的时刻。一是组织特务机构，加强情报搜集。1947年，国民党县党部安插特务到通江中学教书，组织“学术研究会”，监视进步师生言行。1949年春夏，国民党县党部组建特务组织“党员通讯组”，搜集中共党组织和进步社会团体、进步人士情况，向省党部调查室、重庆区调查统计室秘密报告。国民党县党部组建“红罗党”，在诺江、毛浴等地发展组织，搜罗枪支，妄图武装抗拒解放。二是加强反共宣传，胁迫群众。县党部召开地方武装负责人军事会议和行政会议，进行反共宣传，扰乱民心。1948年5月，国民党县政府发布密令，要求各机关、团体、学校若发现中共传单，“立即送交本县党政军干部联席会议审查”。在城镇、乡场、酒馆、茶馆处处张贴“休谈国事”的警告标语，绥靖公署发布十条“杀无赦”：“潜入共产党人隐匿不报者，参加共产党者，探听军事情报者，抢夺乡保枪支子弹者，唆聚群众抗丁抗税者……立即枪决”，实施保甲“连坐”胁迫群众。三是血腥镇压，杀害共产党员。县成立“绥靖工作队”，各乡镇成立“绥靖工作组”，四处宣传反共，清查党的地下组织，抓捕共产党员。共产党员范述珍受刘黎平指派，化装成农村妇女，以纺线织布为掩护，到区长刘九皋家待机做分化瓦解工作，不幸暴露，惨遭酷刑后被杀害。8月，以巴山青干团身份活动在通江各地的进步青年江茂德，由于主张减租减息，宣传进步思想，被国民党通江县党部怀疑为共党分子逮捕，严刑逼供，由于缺乏证据被迫释放，后继续在陈河等地活动，被陈河反共救国大队枪杀。

严峻的政治形势下，通江党组织发展党员工作仍然秘密进行，多以亲戚、同学、朋友等方式广交朋友，考察摸排入党对象。在充分了解其历史、表现、社会关系等后，再发展其入党。发展党员的总体要求是“踏实、积极、可靠”。选择的具体标准是，本人不是剥削阶级，拥护党的纲领，愿意为党牺牲。主要在四种人中选择：在校青年学生；受压迫、受剥削的广大工人、农民、店员、帮工、小商贩等劳苦群众，农民是主体；川陕苏区时期的苏维埃干部及其子女；国民党中被排斥的乡警队员，对国民党有深仇大恨，经过长期考察认为可靠的。年龄一般在 18 岁以上，表现积极、工作能力强的不足 18 岁也可介绍入党。发展党员有严格规范的程序：（一）培养阶段，对入党对象要调查了解其家庭社会政治地位、经济状况，本人对国民党统治的看法、态度，平时学习、工作、劳动表现，以及道德品质等。着重进行阶级教育、个人前途教育、爱国主义教育，通过教育，对入党心情迫切、态度诚恳、思想觉悟高的列入正式发展对象。（二）发展阶段，申请入党人员要提出申请，有知识的要自己提交入党申请书，包括个人简历、家庭三代政治面貌、家庭经济状况、主要社会关系、对党的认识、入党动机等。不识字的可由介绍人代笔，也可以口头申请。递交申请后，介绍人或上级党组织派人找其本人谈话。（三）入党宣誓，凡被批准入党的都要举行入党宣誓，宣誓在秘密的地点和时间举行。宣誓入党有三项议程。一是向共产主义事业牺牲的先烈们默哀；二是朗读或默读入党誓词，誓词是“我志愿加入中国共产党，遵守党纲党章，服从党的决议，执行党的政策，保守党的秘密，不出卖同志，不泄露机密，不向敌人投降屈服，按期交纳党费，为共产主义奋斗终生”；三是确定候补期，新党员有三个月、半年或者一年的候补期。申请书等手续由上级党委烧掉。入党后，老党员要向新党员交代党的纪律：不准问上级是谁，不准怀疑他人是否是地下党员，不准泄露党的机密；介绍人只将党内代号告诉被发展人，同时给其一个党内代号，以作联系之用。这样的保密方法，避免了党组织受到大的损失。当党员人数达到十人左右，建立党的支部或者党小组，进而建立区委。党小组、党支部定期开会，传达上级党委指示，安排部署任务，汇报工作开展情况及党员思想情况，收缴党费，党员转正等。对工作中的缺点和错误及时批评，对有原则错误的要处分，最高处分是党内除名。半年不参加党组织生活的，不做党的工作的，作为自动脱党处理。

在发展党员方面。通江党组织总体上坚持了条件第一、慎重发展、交代任务、实践考验的基本原则。1949 年夏季以后，由于各级党组织主要精力在迎接解放，党组织生活相对松散，出现发展党员手续把关不严的现象，个别人搞拉拢式入党，也有仅与党组织联系过而没有正式入党的自称中共党员。鉴于此，中心县委决定，1949 年下半年发展的，凡手续不完备者不予承认，可称党的外围组织，党组织有责任组织他们学习，动员他们协助党的工作，争取入党。至 1949 年 12 月，通江党员已发展到 54 人①。

随着党员队伍的壮大，通江党的基层组织进一步健全。成立通江县委以后，经过几次调整充实，加强了县委班子领导力量，新成立了马家坪区委、竹子坎区委、苟家坝区委三个区委，下辖五个支部。马家坪区委书记李治民，组织委员罗洪熙，宣传委员李恒，下辖四个党支部，党支部负责人分别是贺秀林、杨万全、戴云祥、李鹏。竹子坎区委负责人伍级生。苟家坝区委负责人苟安荣，官渡溪党支部书记何崇坤。

①通江县志编纂委员会编：《通江县志》，四川人民出版社 1998 年版，第 29 页。

第三节 第二条战线在通江的开展

党的七大制定了放手发动群众，壮大人民力量，建立一个新民主主义的中国的政治路线。通江党组织认真贯彻落实党的七大精神，领导人民群众开展争夺控制基层政权，反抗苛捐杂税、反抗征粮、反抗征兵的“三抗”斗争，组织工人罢工，要求增加工资，实行民主，反对独裁统治。

一、反饥饿反内战反迫害运动

蒋介石发动内战后，加紧对各阶层人民的搜刮，通货膨胀严重，工商业大批倒闭。1947年1月，国民党政府发行1万元面额钞票后，黄金、美元立即飞涨，一日之间上涨了25%。面对严重的经济危机，国民党政府不得不加紧对经济的统治，对米、面、油、糖、布匹等生活必需品实行所谓“价格控制”。广大民众生活极端困难。5—7月，成都发生三次大的抢米潮，饥民成群结队到米店抢米，重庆、仁寿等地也发生规模大小不等的抢米潮。

在全川反饥饿、反内战、反迫害斗争影响下，通江境内的工人纷纷进行争温饱求生存的斗争。1947年至1949年中，钢溪河煤、铁业厂主在纸币严重贬值的情况下，依旧按照几年前的标准给工人结算工资。煤、铁业各厂工人生活难以维持，一再要求增加工资而被拒绝，相继举行罢工。罢工潮波及新店子、什字坝、朱元庙、檬坝场、泥溪场、苦草坝、两河口等地，参加罢工人数达2000余人。工人们先后数次罢工，斗争坚决，厂主们迫于形势与工人代表协商，不得不满足工人的基本要求，根据当时当地物价，以原工资为基础，按比例增加工人工资，罢工取得胜利。

中小学校也开展了罢教罢课斗争。共产党员赵心镕[①]经常在通江中学传播全国反饥饿斗争情况，积极组织罢课罢教活动。语文教员陶伯蒙（巴中白庙人）在赵心镕的支持下，起草了“反饥饿斗争宣言”寄发全国各地；音乐教师李义宣配合斗争教唱《薪水是个大活宝》《古怪歌》《苦难的苗家》，排演了大型剧《雷雨》，并走上街头游行演讲；音乐教师张崇元组织歌咏队，教唱《抗战胜利歌》《春到人间》《庄稼佬》《兄妹开荒》，受到特务监视，并以共党嫌疑被逮捕，后经担保释放。诺江小学还办了墙报，刊载了《穷》《谁瘦谁肥》《蚊子》《清道夫的责任》《人道良心哪里去了》《屈家坟园发现一具女尸》等文章，强力抨击社会时弊，揭露驻军张耀先部队奸淫妇女的罪行。《屈家坟园发现一具女尸》一稿在墙报上刊出后被特务挖走，张耀先部队以“共党言论”逮捕了撰稿人赵藩，通江县城学校开始罢教罢课，要求放人，罢教罢课持续三天，县长赵学铭害怕事态扩大，亲自出面解决，以人均两公斗米做润补，缓解了公教人员的困难。后来，通

①赵心镕，东山人，1933年任东山乡苏维埃文书，后就读于四川省立戏剧音乐实验学校，参加成都“学联社”（党领导下的抗日组织），1943年秋受“学联社”的派遣回通江秘密开展抗日救亡活动，1948年，经中共渠县县委委员雷雨田、沈汉介绍加入中国共产党，任中共渠县县委通江支部书记，渠通线地下工作中心组长，以新源号经理身份开展经商活动为掩护，先后在三江、江口和通江发展党员40多人，1949年准备成立中共渠县县委通江总支委员会，不久，通江解放。

江中学在赵心镕、严粹夫等的组织下，开展了反对校长贪污的学生罢课，打倒了贪污校长。通过这一系列斗争，沉重打击了国民党反动派的嚣张气焰，培养和造就了一批敢于斗争的骨干。

二、利用选举进行政治斗争

党组织利用国民党选举乡保长的机会，让共产党员或党的可靠朋友通过合法途径竞选保长、乡长、乡民代表，从而实现控制乡、保政权。1946 年冬，马家坪街道与苟家坝两个保合为一个保，重新选举保长，为了便于开展党的工作，共产党员苟治平联系在教师讲习所的同学邓家兴、熊启贤等大造舆论，迫使反动的原保长李震落选，而将比较开明的李鼠选为保长。之后，李鼠多次利用其职务掩护党的地下活动，遇有征粮拉丁，便派人通风报信，李鼠的弟弟李治民后来也加入共产党。

1948 年夏，巴中中心县委利用国民党选“国大代表”的机会，派奇章中学党员教师、党员学生分赴通江、南江、巴中、平昌各地参加选举，以揭露国民党假民主、真独裁的法西斯反动面目，教育群众，推动党的工作。中共通江县委委员余绍尧、谢长庚同 30 多名进步师生被派往中兴、柳岗、梓潼庙、白庙子、官渡溪五个选举场，他们通过亲戚、朋友和熟人关系搞到大批选票，填选票的桌子均被学生控制。尽管选举场内外事先挂满了“国大代表请选李宇航”的大标语，乡长又带领荷枪实弹的警丁在选举场中施压，所有选票仍然填的是奇中名誉校长董铸仁。因未实现选举目的，乡长气急败坏地宣布选举“暂停”，并以“破坏选举”为由抓捕了余绍尧。余绍尧当场以董铸仁是学校的校长，选民很了解他，而且是候选人之一，是完全可以当选的为由，慷慨陈词，据理辩驳，使当地人民群众更加认清了国民党腐朽、反动的法西斯面目[①]。

通江中学训育主任赵心镕在校长李政的支持下竞选上省参议员，他又利用这一合法身份，积极开展反饥饿的罢课罢教斗争。同时，在乡保人员中培养出身贫苦和支持党的事业的人作为发展对象，条件成熟后发展为党员，从而控制乡保政权。

三、领导群众开展“三抗”斗争

抗战胜利后，广大民众渴望和平，但国民党公然发动内战，大量征兵，猛增税赋，民众负担更加沉重，民怨沸腾。1946 年，通江严重的水稻病虫灾害影响尚未消除，1947 年干旱、洪涝灾害接踵而至，在群众生存极端困难情况下，1948 年全县征收稻谷量增至 9276 石，比 1943 年增加近两倍。捐税也是有增无减，有归属中央的，有县政府征收的，有乡镇保甲摊派的各种税费等数十种[②]。同期，货币贬值，物价陡涨，人民仅有的财富也被掠夺。1948 年 8 月，民国政府实行“财政经济紧急处分令”，废弃 1935 年的法币，实行金圆券，规定黄金一两合金圆券二百元，银圆一元合金圆券二元，后不断发行金圆券，人民财富不断贬值缩水。因此，在整个解放战争时期，党领导群众抗粮、抗捐、抗丁成了

①中共达县地委党史工作委员会编：《中共通南巴平地下党斗争简史（征求意见稿）》，1984 年印，第 60 页。

②陈河乡人民政府（内部资料）编：《陈河乡志》，第 137 页。

党组织领导群众斗争的主要内容，也是党组织发动群众、团结群众的重要手段。

通江“三抗”斗争，在马家坪一带开展得比较早。1946 年，苟治平受党组织派遣回马家坪开展工作时，经常去渠水坝、二家坪、苏家湾、猫儿垭、陈家河、石菖碥、张家坪等地串联，做群众的思想工作，支持农民以“粮赋不均”为名抗粮，拖欠不交。到 1948 年，“三抗”斗争更加激烈，方法更加有效。党组织指导农民抗粮时，一叫穷，二叫苦，三叫灾情大，四叫锅里没粮。抗捐时，“一拖，二欠，三不给”，抗丁时，“抓到丁，互相报，七十二行跑为妙”。以“软拖”的方式实现“硬抗”的目的。1949 年，马家坪所在乡征收屠宰税，每头猪征收钢洋三元二角。马家坪区委共产党员、支部书记李恒以“生死同盟会”的名义组织人民群众强烈反对，1949 年 1 月至 9 月，马家坪及周边一带共宰猪 1300 多头，没有缴一文的税收。

最为激烈的是群众“抗丁”斗争。全面内战爆发后，国民党大肆拉夫抓丁，广大群众强烈反对内战，反抗强行拉丁。虽然国民政府规定“三丁抽一，五丁抽二”，但穷人独子也要抽，乡保趁机勒索壮丁费。结果，富裕者行贿免役，贫穷者逃匿躲避，更有甚者以自残身体方式逃避兵役。对群众的反抗，国民党通江县政府反而采取更加严厉的惩罚政策，发布训令宣称“对于意图避免兵役无故毁伤身体者，按妨碍兵役治罪条例规定，处五年以下有期徒刑”[①]。由此，民众“抗丁”从最初的躲避演变为暴力反抗。至诚陈兴明、鄢济高从部队回乡后再次抓丁，二人愤而暴力

①通江县志编纂委员会编：《通江县志》，四川人民出版社 1998 年版，第 28 页。

抗拒。1946年11月，县政府城关镇民众自卫队在四个城门设置岗卡，经常强拉壮丁，21日，5名给通江中学和简易师范学生送衣物的家长，被县民众自卫队强抓壮丁，两校派出11名代表谈判，要求立即放人，再被扣押。后两校师生强烈抗争，5名家长及谈判代表才被释放。1947年5月，为运送在沙溪坠落的失事飞机，县政府警察强行拉夫，遭到简易师范学生及在场群众的强烈反对，学生到县政府评理，迫使县政府下令从此不再惩处学生。在群众强烈反抗下，1948年，全县壮丁配额564名，仅实征310名。

1949年，中共通江县委领导的马家坪“抗丁”斗争取得很好成效。一是由打入敌人政权的乡警队中的同志通风报信，党组织及时通知青壮年躲避；二是通过地方上有势力的地下党员或统战朋友，保护被抓壮丁的穷人。共产党员阎缉熙是当地很有声望的“大绅粮”，在马家坪附近的草池、回龙一带，凡有拉夫抓丁的，就去他家打短工，乡长尽管恼怒，但惧于其势力，不敢派人去抓。凡有不幸被抓的，阎缉熙出钱赎回。三是打入乡警队的地下党员，暗中保护。中共兴文区委负责人张明武，在来通江找县委负责人吴显国汇报工作的路途中被抓壮丁，关到清江乡公所，清江乡警队的地下党员鲜英仕等将其暗中放走。

党领导的“三抗”斗争，直接维护了广大群众的切身利益，赢得民心。

四、龙凤桐林场的革命活动

1947年6月至1948年3月，中共党员唐维天以民盟成员身份为掩护，在龙凤桐林场领导工人准备开展武装暴动。唐维天原名唐天友，阆中人，在上海读书时加入中国共产党，延安抗大毕业后，被派回四川阆中开展地下活动，因工作很有成效，后调到重庆。1947 年重庆“六一大逮捕”，唐维天妻子（共产党员，唐维天的入党介绍人）牺牲，唐维天也因叛徒出卖，不能继续在重庆活动。党组织指示唐维天转移到通江龙凤桐林场，主要任务是隐蔽起来，建立据点，搞地下武装，迎接解放军从陕南入川。

唐维天接受任务后，忍住妻子被杀害的巨大悲痛，将两个孩子寄养在阆中姐姐家，只身来到桐林场，迅速开展工作。唐到桐林场后任场长鲜维扬（重庆民盟首领鲜英之子）的秘书，他以场部名义订了《新华日报》和《展望》杂志，借给识字的工人看，并常与穷苦工人叙家常，从中宣传革命道理，提高工人思想觉悟。又通过行医团结了周围许多穷苦农民，他给穷人治病不收钱，将药钱记在场内账上，还鼓动场长将大量米、面、油等发给穷苦百姓。

由于国民党反动派对民盟存有戒心，早在 1946 年开始对民盟人士进行监视。唐维天以谈锋犀利著称，经常讥讽剥削者和地方恶势力，一些官绅恶霸对他怀恨在心，引起了敌特人员注意。1947 年南充派中统特务到桐林场以医生身份同县特分会和县党部严密监视桐林场的活动，并将情况报告省特委会，桐林场的革命活动被暴露。1948 年 3 月，国民党通江县抗敌委员会分会和县警察局，以“民盟党唐维天在场内拉帮结派，实有共党嫌疑”为由，率领军警 200 余众突然袭击桐林场，先将上班的工人及家属 37 人逮捕，严刑拷打，强迫他们说出谁是共产党员，谁是民盟党员。卧病在床的唐维天强撑病躯处理了一批机密文件之后，为免除无辜工人遭受酷刑，主动站出来称自己是民盟党员。敌人随即将唐维天和进步工人共 21 人押往通江监狱。唐维天被捕后，虽经敌人严刑摧残，始终未向敌人暴露共产党员身份，直到 6 月病逝于狱中。唐维天虽然牺牲了，但革命的种子已播下，桐林场工人吸取这次事件的教训，改变斗争技巧，蓄积力量继续战斗，一直坚持到通江解放，将桐林场交给人民政府。

第七章
通江的解放

解放前夕，国民党政府仍作困兽之斗，在通江成立反共组织，构筑碉堡，镇压革命。中共通江县委认真贯彻“从长期隐蔽、积蓄力量转向迅速组织武装、迎接解放”的指示，组建地方武装，配合人民解放军的军事进攻，打击境内国民党溃军，推翻国民党政权，组建解放委员会，顺利实现全县解放。

第一节　组建地方武装

一、贯彻鼓楼山会议精神

在解放前夜，国民党顽固派死心塌地反共，构建巴山防线，修筑碉堡“防共”，采取高压政策“清共”，疯狂镇压革命。面对国民党政府的最后疯狂，中共通江县委采取针锋相对的措施，宣传党的政策，稳定人心，控制局势，迎接解放。

1948 年 9 月，中共中央南京局在香港召开川北、川西、川南党组织负责人会议，讨论了今后在国统区开展群众工作、武装斗争和统一战线等，指出四川党组织要立即从长期隐蔽、积蓄力量转向武装斗争、迎接解放。1949 年 1 月 29 日，川北工委在中江县艾文家中召开紧急会议，传达南京局香港会议精神，同时调整工委领导班子，由王叙五、魏文引、王朴庵组成，王叙五任书记。5 月上旬，川北工委又在蓬溪召开会议，专门研究如何开展武装斗争迎接川北解放的问题。两次会议明确了党在川北的任务：以武装斗争为中心，组建小型武装组织，武装保护群众，组织发动群众，加强策反工作，争取上层人士，打入国民党地方武装，掌握保甲动态，收集敌情，迎接解放。要求各地加紧就地疏散党员，加强对党员的形势教育和阶级斗争教育，增强党性原则，严格组织纪律，加强气节教育，反对叛徒变节等行为。会议强调，武工队是农村工作中最好的组织形式，既能保护党的组织，又可掩护同志，同时也是训练干部革命实践的平台，因此必须建立各类小型的武工队。

1949 年 4 月，巴中中心县委在巴中古楼山召开会议，中心县委及各县委负责人 20 多人参加会议。会议传达了川北工委中江会议精神，着重解决执行党的决议和政策的一些具体问题。会议分析了全国革命形势，要求各级党组织适应形势发展，根据当地实际情况，积极开展各项工作。强调继续贯彻执行从中共通南巴平工委建立后，整风学习以来，所做出的各项决议。强调健全党的组织机构和制度，加强请示汇报，进一步加强对学员的政治思想、政策观念、组织纪律和气节教育。要求发展党员一定要慎重，对象一定要选准确，要认真吸取个别地方出现叛徒给党组织造成损失的教训。重申党的统战政策，要求把统战工作扩大到区、乡，加强对进步势力的团结和发展，加强对中间势力的争取，加强对敌人的瓦解，孤立和打击顽固势力，着重指出发展统战对象是党的关系，党员交朋友是个人关系，两者要联系起来。强调继续抓好“三抗”斗争，建立更广泛的群众基础，如组织秘密的“农协会”、同乡同学会，甚至要争取落后的“哥老会”为我所用，使他们成为“三抗”斗争的群众基础。会议还强调加强党性教育，组织纪律教育，发展党员要保证质量。着重指出注意武装斗争的群众基础，武装斗争要以“三抗”斗争为基础，要从个人的、简单武器的初级形式，向群体的武装小组或者武工队的高级形式发展，最后组织大规模的游击队等。会议原定七天，因为形势紧迫，只开了四天就提前结束。这次会议，对参会者教育鼓舞很大，进一步坚定了信心，明确了工作任务和斗争策略。

5月，刘黎平、伍级生到马家坪、竹子坎等地传达古楼山会议精神，并以马家坪区委为重点，对各区委和党支部的党员，开展学习培训。学习党的纲领和章程，学习《新民主主义论》《中国社会各阶层的分析》《目前形势和我们的任务》等文章，学习党的建设和铁的纪律、白区工作方针及武装斗争经验等。学习培训中，对一些同志中存在行动上的冒险主义，思想上的麻痹大意进行了严肃批评。要求吸取华蓥山游击队失败的教训，提高斗争的警惕性。这次学习培训，进一步明确了组织武装的重点任务，要求以青年促进会、自卫会等名义，大力组织群众，培养建党骨干，发展党的组织。制定了建立武装的具体方案，如购买枪支，搞农民武装，控制乡保，组织“三抗”等。会后立即在革命基础较好的马家坪，利用国民党政府建立“民众自卫队”的合法形式，组建党独立领导的地方武装。

七八月间，川北工委进一步指示所属党组织，做好迎接解放的各项准备工作。一是加强宣传，要求各地党组织在城乡广泛宣传《中国人民解放军宣言》《土地法大纲》等政策文件；二是积极开展策反工作，争取旧政权的主动移交，改编地方武装；三是积极扩大各武工组织，把武工队扩建为武工支队，每县至少建立一个，对拒绝接管的地方，实行武力接管。

二、成立马家坪独立营

马家坪独立营，是解放前夕党在通江建立的唯一的一支武装力量，从筹备到组建，前后经历了九个多月时间，是在长期积蓄力量的基础上组建起来的。

1949 年 2 月，马家坪党组织抓住国民党组建“民众自卫总队”并要求各乡保组建分队的有利时机，组建了名为国民党“民众自卫分队”实为共产党游击队的武装，控制了 30 多人枪。游击队武装的主要构成为：党组织所掌控的草池、马家坪、回林六个保中五个保的公枪 10 余支，通过吴显国、伍级生、余华福等在巴中购买几支，还有参加生死同盟会的富绅私枪，阎缉熙私有步枪 3 支和手枪 2 支，乡警丁李顺模掌握的乡公所枪支 3 支，另有 20 夹子弹，3 颗手榴弹，1 支铜号等。

1949 年 9 月，巴中中心县委周永开到通江整顿组织，何静修到通江研究组织解放委员会。期间，他们同刘黎平、阎缉熙、吴显国等研究组织武装的问题，分析认为组建马家坪独立营时机已经成熟，有坚强的党组织领导，有良好的群众基础，有必需的枪支等物质条件，遂决定在游击队的基础上，成立独立营。

12 月 7 日，通江“反共救国军十五纵队第八师”成立，共辖三个团，其中涪阳区长刘九皋为二团团长。党组织决定利用阎缉熙与刘九皋为姨表兄弟的关系，由阎缉熙出面要求组织二团独立营或第五营。阎缉熙亲自到涪阳坝商谈此事，并安排李治民率 10 人枪的军事班护送，向刘九皋展示可以组建独立营的条件。

12 月 11 日，刘黎平、阎缉熙、吴显国同武装骨干李治民、罗洪熙、李恒等共 14 人在贺秀林家开会，理顺全县党组织的纵横关系，决定集中武装，统一行动。16 日，刘九皋给阎缉熙下达“委任状”，准许组织一个独立营，名称定为“草马回独立营”。

当晚，刘黎平、阎缉熙、吴显国在阎缉熙家开会，决定借“草马回独立营”成立党领导的武装。17 日，阎缉熙组织各保保长召开的成立大会，挂出“反共救国军第八师第二团独立第五营”的牌子，标志着共产党领导的独立武装马家坪独立营正式成立。马家坪独立营编制序列如下：营长阎缉熙，副营长严粹夫，参谋阎文坤，秘书李鹏一。下设五个连、一个警卫排（排长吴显国）。一连辖三个排，连长李治民，一排长邹楠山，二排长陈天镜，三排长阎恕仁；二连辖三个排，连长李恒，一排长贺秀林，二排长余华金，三排长杨万全；三连连长邓邦连；四连连长王新华。特务连连长朱光羽，辖四个排，战斗排长朱光福、李荣跃；情报排长杜映举、张仕杰；工程排长刘平丰，朱仕培；运输排长杜玉海、张序高。在此期间，特务连副连长余开杼认为朱光羽全部委任自己亲信为排长，便自组一个排，排长余明和。独立营共计 300 余人，长短枪 51 支。一连（又叫独立连）是独立营的主力，住在马家坪街上独立营营部李治民家，人 60 余，枪 33 支，其余各连分散在各村保。

独立营公开前后，开展了两次军事行动。一次是 12 月 12 日，乡长阎绍初在草池乡街道鸣锣进行反共宣传，煽动居民与他一道逃跑，同时把乡警丁 30 多人枪带往杨家岭[①]副保长杨柏林家里驻扎。独立营暗地通知群众不要受其蛊惑，同时将武装人员带往老君观，计划与巴中白庙子的李益修合力打击阎绍初的队伍。独立营与李益修部对接后，发现实际指挥李益修部 100 余人枪的是一贯从匪的李柏林，担心无法合作，反使自己受损，于是刘黎

①地名，今火炬镇回林场村。

平、阎缉熙、吴显国等果断将队伍带回马家坪。另一次是独立营成立后的第三天晚上，准备以一连为主力在特务连配合下再次攻打阎绍初，因阎绍初早有准备，队伍上了山，战斗未成。

1949年12月22日，溃逃到通江的“川陕豫边区挺进军总指挥部”总指挥王凌云派两营兵力，突然围攻马家坪独立营营部，先用诡计诱捕阎缉熙，后用密集火力从四面向独立营营部猛攻。驻守营部的马家坪独立营主力一连寡不敌众，战斗失利，副营长严粹夫等干部、战士21人被敌军抓走。连长李治民率领其余人员趁赶场人多作掩护突围转移。阎缉熙被押至青峪口蔡黄沟惨遭杀害，壮烈牺牲。几天之后，通江解放，党组织和当地群众找回阎缉熙的遗体，举行了隆重的悼念会，安葬在马家坪老君观。

独立营失利，一是对局面的严峻性估计不足，面对敌人临死前的困兽犹斗缺乏应有的警惕，被围攻的当天早晨国民党军潜至沙石盘时，有群众跑去报信，独立营负责人并未高度警觉及时采取行动，不久便被敌人包围。二是没有坚决执行上级关于化整为零的指示，始终固执于武装集中“以便统一行动”，导致受到围攻时主力受损严重。早在古楼山会议上，魏文引就指出通江的游击队“搞得过于集中”的问题，要求不要搞冒险主义。以后，中心县委曾几次派人通知独立营化整为零，独立营都因内部意见不一致而未执行。三是过早暴露了暴动意图，早在独立营公开组建前，就屡次宣扬要打乡公所，把自己的意图暴露给了敌人，使敌人有所察觉。四是没有严密防范敌对分子。比如李必海，本是特务外围组织——“学术研究会”的骨干，是死心塌地的反革命，直到11月下旬才发觉而控制。再如，为了“把地主恶霸麻痹起来，不让他们捣我们的乱”，而让塘村坝的恶霸流氓余开杼当特务连副连长，让阎文坤当营部参谋，他们早就泄露了独立营的机密。

独立营因主力一连失利，活动范围缩小，余下人员转移到九层岩隐藏，继续坚持斗争，同时，刘黎平向中心县委求援。经过通江县委的联络组织，共产党员及可靠群众很快又集中起来，有吴显国、李治民、罗洪熙、李恒、贺秀林、杨万福、余华金、刘文富、任朝康、邹楠山、阎秀明等 21 人。1949 年 12 月 29 日，吴显国带队去巴中化成乡与赵济刚接头借枪，借得长枪 21 支，连夜回家马坪，大张旗鼓宣传迎接解放。阎绍初见势不妙，急忙逃到回龙大山。独立营宣布解放马家坪，收缴富绅枪支 100 余条，通江迎来解放的第一缕曙光。

第二节　配合阻击国民党溃军迎接解放

一、配合阻击国民党溃军

1949 年 4 月 11 日，中共中央发出了向全国进军的命令。10 月 1 日，中华人民共和国成立，这是中国历史以来最伟大的事件之一。中华人民共和国成立时，地处西南的四川尚未解放。由于蒋介石将西南地区作为最后堡垒的策略，国民党溃军从陕西、河南、达县等多处纷纷逃窜到通江，妄图立足于此，继续抵抗解放。

11月10日，王凌云部溃败逃窜到通江，总部驻扎在通江县城附近。12月中旬，国民党达县专员李放六逃窜到平昌，召开通江、南江、巴中三县参议长会议，企图组织“巴山防线”，抵抗解放，在共产党统战政策攻势下，计划流产。李继续到杨柏河，以同学身份拜访阎缉熙，阎劝说李放弃抵抗无果。随后李放六在国民党通江县政府召集“反共救国军”第十五纵队第八师师长鲜炽贤、县参议院长王翼民（第八师副师长）及第一团团长靳廷恒、第二团团长刘九皋等人，合计抵抗解放，将专署、县政府的残部带到沙溪乡，与王翼民等筹划建立“游击根据地”。通江处于激战前夜和黎明前的黑暗之中。

1949年底，中国人民解放军第18兵团第19军，解放陕南10余县后，从汉中、西乡分兵两路南下，追击溃退到大巴山的国民党残余部队①。11月下旬，解放军第18兵团南下川北，迅速西进，通江县委亦加紧迎接解放的活动。中共川北工委给巴中中心县委转达了解放军首长指示：“为保护人民生命财产，对国民党部队实行分割包围，就地解决，不让西窜，不让扰民。”中心县委做出部署，以化成为中心分南线和北线，马家坪独立营就地抗击敌军。

12月下旬，中国人民解放军陕南独立师率先攻入通江。12月27日，陕南独立师解放通江县城。通江县城解放后，艾文、刘黎平率巴中中心县委观山梁武装指挥部战士抵达通江，为解放

①通江县志编纂委员会编：《通江县志》，四川人民出版社1998年版，第687页。

军侦查带路，配合解放军在平溪坝、泥溪场、苦草坝、青峪口等地，阻击消灭溃军，解放全县。鲜炽贤与李放六及其随从在沙溪嘴投降。1950 年 1 月 3 日，解放军对火天岗敌人果断出击，在平溪坝向敌新 8 军进攻，歼敌 1000 余人，敌军参谋长姜美仁被俘。在泥溪场向敌新 5 军进攻，军长徐经济、副军长崔振山以下 1500 人投降。7 日，敌新 8 军 23 师师长季凌云以下 1300 人在苦草坝投降，当天，王凌云也在青峪口被解放军擒获。10 日，解放军两个团合击逃窜到云雾山（今长坪镇云雾山村）四坪梁的余敌，同时向敌军宣传《三大纪律八项注意》和解放军《约法八章》，敌新 4 军军长李学正以下 1921 人被俘，缴枪 1100 余支，豫鄂川陕绥靖公署总部、敌新 4 军军部被歼。16 日，解放军消灭王凌云余部于大公乡等地，敌便衣大队也随之瓦解。国民党陕西潼关县长王锡之百余人缴械投降，艾文率刘黎平代表地委签字受降。在一个月内，经过数十次战斗，在地方党组织和革命群众的支持下，中国人民解放军肃清逃窜到通江的溃军，有效阻止了敌人向西逃窜，加快了全县解放进程。

二、县解放委员会的成立

1949 年 12 月 23 日，中共通江县委宣传委员吴显国前往巴中县清江渡，迎接西南军政委员会派遣的南下干部一行 15 人到达通江。随后，中共巴中中心县委书记艾文率刘黎平到清江找到鲜英仕、陈开顺（延安派回的党员，亦打进了清江乡警队），带领 10 多人的武装工作团到通江，随即召集国民党通江县旧职人员开会，宣讲共产党的政策，要求他们与党合作立功赎罪。27 日，通江县城解放，成立通江县解放委员会，主任刘黎平，副主任向先炳、周鼎新，委员张谦六、向衡平、司瑞、王翼民、王载熙。县解放委员会成立后，各乡也迅速成立了解放委员会，乡解放委员会由党组织指定的负责人担任主任委员，没有党组织的地方由开明人士担任。通江县、乡各级解放委员会主要任务是配合接管，完成建立政权、征粮、剿匪、维持地方治安、保护人民生命财产安全等。1950 年 1 月 23 日，中共通江县委成立，25 日，通江县人民政府正式成立。

中共通江县委、通江县人民政府的成立，标志着中国新民主主义革命在通江取得了完全胜利，标志着通江人民受压迫受剥削的时代彻底结束，通江人民进入了人民当家作主的新时代，通江开启了崭新的历史纪元。

后　记

《中国共产党四川省通江县历史》第一卷（1921—1249）（以下简称《通江党史一卷》）的编写，坚持以马克思主义、毛泽东思想、邓小平理论、三个代表重要思想、科学发展观和习近平新时代中国特色社会主义思想为指导，坚持历史唯物主义和辩证唯物主义的观点，坚持历史和逻辑相统一的辩证思维方法。在中共通江县委的坚强领导下、中共巴中市委党史办公室的大力指导下，中共通江县委党史研究室牵头承办，严谨认真编写而成。

《通江党史一卷》是集体智慧的结晶。2014年，编写工作正式启动。县委、县政府高度重视，历任县委书记、县长分别指示，要加强党史资料征集，深化党史资政研究，宣传党的光辉历程，传承党的优良传统，弘扬党的革命精神，推动党史工作更好地服务于经济社会发展和党的建设。历任县人大常委会主任、县政协主席、县委副书记、分管党史工作的县委常委组织部部长和其他县级领导强调，要围绕通江发展大局，充分挖掘党史资源，提高党史基础研究、成果转化和资政育人成效。并先后组织对书稿进行审阅、批阅，提出重要意见。中共巴中市党史办公室精心指导，历任市委党史办公室主任和相关领导以及相关科室负责人多次作出审读、修改意见及建议，对该书编写工作充给予充分肯定。

《通江党史一卷》是辛勤付出的结果。2014 年 6 月，熊洁主持组建编写组，谷继文负责执行编辑，提出编撰的指导思想，设计出书稿的总体框架和编纂纲目。2015 年 10 月，初稿编写完成。2015 年 12 月，报县委常委会审改并征求意见。2017 年 7 月，周浪涛主持组建工作组，根据县委常委会的审阅意见和征求意见，对初稿进行修改补充，形成第二稿。2018 年 12 月送市委党史办公室审读。2019 年 7 月，张天高主持组建工作组，按照市委党史办公室审读指导意见，调整书稿部分结构和内容，形成第三稿。2020 年 11 月，送市委党史办公室审读通过，同年 12 月，经中共通江县委十三届第 187 次常委会审定同意出版。2021 年 3 月，报送中共党史出版社审查。2022 年 11 月，按照中共党史出版社修改意见，对书稿进行第四次修改，进一步考订史实、核对引文、校核表述、规范注释。2023 年 7 月，组建部分党史专家对书稿最终审核完善，送中共党史出版社出版。县委党史研究室全体干部张良元、杨贵林、殷方新、马仕忠、李蓉、王明哲、王永森、赵强、龚先华、曾成、宋唯薇先后参与，负责具体编写，历经资料收集、纲目拟定、专题编纂、撰写统稿、校核初审、两次审读审定等程序，数易其稿，最终付梓。

本书编写既严格遵循地方党史编写基本规范，又坚持实事求是，力求做到纲目设置统筹平衡，文本内容体量均衡。具体分为四编，第一编记述了马克思主义在通江的传播和通江人民反帝反封建、反军阀的斗争；第二编记述了土地革命战争时期，在中共川陕省委的领导下通江苏维埃运动；第三编记述了全民抗日战争时期，党在通江的地下党组织转变斗争方式，开展革命运动；第四编记述了全国解放战争时期，党组织在通江的发展壮大和县委的成立，组建地方武装，迎接通江解放。

本书的撰写、编辑、修改和审稿过程中，巴中市档案馆、县委宣传部、县政协文史委、川陕革命根据地旧址管理局、红四方面军总指部旧址纪念馆、川陕革命根据地红军烈士陵园管理局、县文广旅局、县地方志办公室、县档案局、县文物保护研究中心、县图书馆、县文化馆等县级相关部门和各乡镇（街道）、县摄影家协会和李炳林、徐世伦、彭从凯、何嗣猛、马希荣、薛元勋、席凯、王立新、徐安恒、龚道勇、罗勇、杨卫民等单位和个人给予大力支持，提供颇有价值的党史资料和珍贵图片，并协助核实书稿有关内容，研讨修改意见。在此，我们谨向所有关注本书、给予本书提供支持和帮助的单位和个人致以诚挚的谢意。

新民民主义革命时期中国共产党在通江的历史是一部艰苦创业史、不懈奋斗史、创新发展史，是一段前赴后继、浴血奋战、迎接解放的艰难历程。再现党的光辉历程，缅怀先辈，激励后人，是党史基本著作作用所在。编写虽力求准确、全面、详实，但由于历史错综复杂，所记述内容年代久远，加之通江辖区内的中共地方组织长期处于地下斗争的环境，党史文献资料留存甚少，加之编者学识和水平所限，书中难免出现疏漏和偏颇之处。在此，恳请读者批评指正。

本书编写组

2023 年 7 月